Tausend tolle Tips
für Haushalt und Familie

Tausend tolle Tips

für Haushalt und Familie

Illustrationen: Yves Camus
Gesamtherstellung: Spiegel Buch GmbH, Ulm
– 65 003/6 –

Küche

Frisches Fleisch nach dem Einkauf gleich aus dem Papier nehmen. Mit Öl benetzt in eine Schüssel gelegt, kann das Fleisch zwei bis drei Tage aufbewahrt werden.

Fleisch bleibt frisch

Fleisch muß vor dem Braten nicht gewaschen werden. Sollten sich Knochensplitter auf dem Fleisch befinden, dann waschen Sie es und tupfen es anschließend mit einem Küchentuch oder mit Haushaltspapier ab.

Fleisch waschen?

Eine besonders zarte Kruste bekommt Ihr Braten, wenn Sie ihn mit Honig bepinseln und dann noch einmal bei sehr hoher Temperatur zehn Minuten lang garen lassen.

Kruste durch Honig

Steaks werden zarter, wenn sie mit Öl bepinselt und leicht abgedeckt zwei bis drei Tage im Kühlschrank nachreifen. Es empfiehlt sich meist sowieso, Filetfleisch noch abhängen zu lassen, weil es von vielen Metzgern zu frisch verkauft wird.

Zarte Steaks

Kerben Sie Steaks immer am Rand etwas ein, damit sich das Fleisch nicht durch Zusammenschrumpfen der Sehnen wellt. Vor allem Rumpsteaks oder Rostbraten müssen am Fettrand eingekerbt werden.

Rumpsteak kerben

Rostbeef muß unmittelbar nach dem Aufschneiden serviert werden. Es verliert die typische rosige Farbe, wenn es zum Warmhalten in den Backofen gestellt wird.

Sofort servieren

Kurzgebratenes Fleisch nie beim Wenden mit der Gabel einstechen, der Fleischsaft läuft sonst heraus, und das Fleisch wird trocken.

Nicht stechen

Zäher Braten Wird Ihr Braten nicht rechtzeitig gar, schneiden Sie den noch zähen Braten in Scheiben und geben diese zusammen mit der Soße in den Bräter. Nach zehn Minuten Kochzeit ist das Fleisch mit Sicherheit »durch«.

Omas Tip

Wann ist der Braten gar?
Ein Braten ist gar, wenn nach dem Nadeleinstich der heraussickernde Fleischsaft nicht mehr blutig ist.

Kruste durch Bier Schweinebraten bekommt eine zarte, schmackhafte Kruste, wenn er einige Male mit Bier übergossen wird.

Buttermilch mildert Den typischen Hammel- oder Lammfleischgeschmack können Sie etwas mildern, indem Sie das Fleisch über Nacht in Buttermilch einlegen.

Beize für Wild Wild verliert seinen strengen Geschmack, wenn man es über Nacht oder auch länger in Buttermilch oder in eine Beize aus Rotwein, Essig und Gewürzen legt.

Umhüllen statt spicken Wild sollten Sie nie mit Speck spicken, da durch das Einstechen der Fleischsaft verlorengeht. Legen Sie besser ungesalzene, dünne Speckscheiben auf den Braten, die Sie mit einem Faden festbinden. Das gilt übrigens für alle Braten sowie für fettarmes Geflügel.

Saftige Reste Bratenreste bleiben trotz Aufwärmen saftig, wenn Sie die Scheiben in gut gefettete Alufolie wickeln und im heißen Backofen erwärmen.

Geflügel auftauen Tiefgefrorenes Geflügel immer ohne Umhüllung auftauen lassen. Legen Sie eine umgekehrte Untertasse in die Schüssel, so läuft während des Auftauens der Fleischsaft ab, und das Geflügel bleibt trokken.

Huhn, das gekocht werden soll, nie in kaltem Wasser aufsetzen, es laugt aus, und das Fleisch wird trocken und faserig. Legen Sie das gut aufgetaute Huhn immer in kochendes Wasser.

Huhn nur in kochendes Wasser

Gekochtes Fleisch, das Sie für kalte Platten verwenden wollen, immer in der Brühe erkalten lassen. Es wird sonst trocken und verliert an Wohlgeschmack.

In der Brühe lassen

Grillen Sie nur abgelagertes Fleisch. Sehr dicke Fleischstücke noch besser im Backofen vorbraten, da beim Grillen die Gefahr besteht, daß der Braten außen schon schwarz und innen noch roh ist. Und nicht jeder mag's »englisch«.

Kein zu frisches Fleisch

Omas Tip

Mariniertes Fleisch

Alle Fleischsorten werden durch Marinieren würziger. Am besten über Nacht in eine Marinade aus Öl, Rotwein oder Buttermilch mit Gewürzen legen. Bei zartem Fleisch, das zum Kurzbraten gedacht ist, reichen zwei bis drei Stunden.

Fleischfondue ist ein beliebtes Essen für vier bis sechs Personen. Wenn Sie Öl für das Fleischfondue verwenden, geben Sie eine halbe rohe Kartoffel hinein, dann brodelt oder schäumt es nicht über.

Kartoffel ins Fondue-Öl

Versuchen Sie einmal, gekochte zerriebene Möhren oder Rote Beete in den Hackfleischteig zu geben. Es schmeckt hervorragend.

Hackfleisch mit Möhren

Zum Binden und Verlängern des Hackfleischteiges können Sie statt Weißbrot oder Brötchen auch Reisreste, Haferflocken oder Kartoffelpüree verwenden.

Nicht nur Brötchen

Wollen Sie für eine Party eine große Menge Frikadellen braten, empfiehlt es sich, sie auf einem Back-

Backen statt braten

blech (20 Minuten bei 200 Grad) im Backofen oder im Elektrogrill zu backen.

Einfache Grillregel Je dicker das Fleisch, desto entfernter von der Glut grillen. Je dünner das Fleisch, desto dichter darf es ans Feuer.

Mit nassen Händen Formen Sie Frikadellen mit nassen Händen. Die Frikadellen werden schön glatt, und der Fleischteig klebt nicht an den Händen.

Fleischklöße ohne Risse Fleischklöße immer in das kochende Wasser hineingeben und im offenen Topf bei schwacher Hitze zehn Minuten garziehen lassen. So bekommen die Klöße keine Risse.

Weich durch Kognak Suppenfleisch wird leichter gar, wenn Sie in das Kochwasser einen Schuß Kognak geben. Er verbessert auch den Geschmack der Brühe.

Eis zieht Fett an Fett entfernen Sie aus der heißen Brühe oder Suppe, indem Sie einige Eiswürfel in ein Tuch drehen und kurz in die Suppe hängen. Das Fett sammelt sich am Tuch.

Keine Fettspritzer

Bratenfett spritzt manchmal beim Anbraten in der Pfanne, was nicht ganz ungefährlich ist. Geben Sie ein paar Körnchen Salz ins Fett, und es spritzt nicht mehr.

Omas Tip

Gebräunte Zwiebeln für Bouletten

Bouletten schmecken besser, wenn Sie die Zwiebeln extra in der Pfanne bräunen und dann erst in den Fleischteig geben.

Schädliche Rückstände

Fritierfett nur einmal gebrauchen, auch wenn es dann noch schön goldgelb aussieht. Durch den Fritiervorgang bleiben schädliche Rückstände im Fett, die Krebs erzeugen können.

Dunkle Soßen

Bratensoßen erhalten einen besonders schönen dunklen Glanz, wenn man eine oder zwei Prisen Zucker in die Soße rührt.

Bratwürste ohne Platzwunden

Bratwürste platzen nicht, wenn man sie vorher mit kochendem Wasser überbrüht und anschließend mit Haushaltspapier abtrocknet. Die beste Brattemperatur ist Stufe 2 auf dem Elektroherd.

Omas Tip

Wurst enthäuten

Wurst läßt sich leichter enthäuten, wenn man sie kurz unter kaltes Wasser hält.

Fleisch nicht auf Holz

Legen Sie rohes Fleisch niemals auf Holzbrettchen oder Holzteller. Holz speichert fremde Gerüche; rohes Fleisch nimmt fremde Gerüche leicht an.

Test für Frischfisch
Wenn Sie Fische einkaufen, achten Sie darauf, daß die Kiemen rot, die Augen klar sind und keine Dellen zurückbleiben, wenn Sie mit dem Finger auf den Fisch drücken.

Leichteres Schuppen
Ganze Fische lassen sich leichter schuppen, wenn man sie kurz in heißes Wasser legt und anschließend mit kaltem Wasser abschreckt.

Essig macht blau
Der berühmte Karpfen blau bekommt seine appetitliche Farbe, wenn er in heißem Essigwasser garzieht. So werden auch Forelle und andere Fische »blau« zubereitet.

Omas Tip

Seefisch mit Milch

Der Geschmack von gekochtem Seefisch wird verbessert durch einen Schuß Milch, den Sie in den Fischsud geben.

Fische einkerben
Ob Sie ganze Fische im Backofen garen oder in der Pfanne auf dem Herd braten – kerben Sie das Fischfleisch immer auf beiden Seiten diagonal zwei- bis dreimal ein. So kann die Hitze gleichmäßiger den Fisch durchdringen.

Omas Tip

Essigtuch gegen Fischgeruch

Kochfisch riecht nicht, wenn Sie ein Geschirrtuch in Essig tränken und dieses dann zwischen den Kochtopf und den Deckel legen.

Kein Fischgeschmack
Den Fischgeschmack aus der Bratpfanne entfernen Sie, indem Sie reichlich Salz in die Pfanne streuen, heißes Wasser darübergießen und die Salzlösung ein bis zwei Stunden in der Pfanne wirken lassen.

Feste Heringe

Damit Heringe nicht so leicht beim Braten zerfallen, legen Sie sie vorher eine Stunde lang in Essigwasser. Die Fische danach gut abtrocknen, panieren und braten.

Kein Fisch auf Holz

Säubern Sie Fisch nie auf einem Holzbrett. Das poröse Holz nimmt sofort den Fischgeruch an, den Sie nur schwer wieder aus dem Holz entfernen können.

Muscheln

Muscheln, die sich nach dem Garen nicht geöffnet haben, wegwerfen, da sie nicht einwandfrei sind.

Legieren mit Eigelb

Das Legieren von Soßen und Suppen mit Eigelb geht manchmal schief: Das Eigelb flockt aus. So gelingt es immer: Das Eigelb schlagen und vorsichtig tropfenweise heißer Suppe oder Soße zufügen. Wenn diese Flüssigkeit in den Topf gerührt wird, darf das Gericht auf keinen Fall mehr kochen.

Soße binden

Eine leicht gebundene Soße bekommen Sie, indem Sie eine Möhre oder eine geschälte Zwiebel fein zerreiben und in die Soße geben.

Omas Tip

Weißbrot saugt Fett auf

Ist die Soße zu fett geraten, legen Sie vorsichtig eine recht trockene Scheibe Weißbrot hinein. Das Brot saugt das Fett auf. Vorsichtig herausheben.

Rezept für Mehlschwitze

So wird eine glatte Mehlschwitze zubereitet: 40 Gramm Fett, 40 Gramm Mehl und ein Liter Flüssigkeit (Brühe oder Milch). Das Fett im Topf flüssig, aber nicht braun werden lassen. Mehl dazugeben, kräftig mit dem Schneebesen rühren und die Flüssigkeit langsam hinzugießen, ohne das Rühren zu unterbrechen.

Mayonnaise selbstgemacht

Mayonnaise ist eigentlich ganz einfach zuzubereiten: Auf zwei Eigelb kommen ein halber Teelöffel Essig, eine Prise Salz und ein Viertelliter Öl. Eigelb mit Essig und Salz in die Schüssel geben und schlagen, während Sie das Öl tropfenweise hinzugeben. Alle Zutaten müssen Zimmertemperatur haben, sonst bleibt die Mayonnaise flüssig.

Speck anfrieren Speck kann in ganz besonders feine Würfel geschnitten werden, wenn Sie ihn vorher im Gefrierfach leicht anfrieren.

Geronnene Soße retten Sauce Béarnaise kann gerinnen, wenn sie bei zu großer Hitze geschlagen wurde. Sie können sie retten, indem Sie einen Eiswürfel hinzugeben und kräftig weiterschlagen.

Kräuterbutter selbstgemacht Kräuterbutter kann man gut selbst zubereiten. Geben Sie dazu Curry und gehackte Kräuter nach Belieben zusammen mit etwas Salz an die zimmerwarme Butter. Alles gut durchkneten.

In Fleischbrühe garen Reis, Nudeln und Gemüse bekommen einen vorzüglichen Geschmack, wenn sie in Fleischbrühe statt in Wasser gegart werden.

Nudeln ohne Abschrecken Wenn Sie einen Schuß Speiseöl in das kochende Salzwasser geben, brauchen Sie die Nudeln nicht mehr mit kaltem Wasser abzuschrecken, nachdem sie gar sind.

Spaghetti ungebrochen Spaghetti brauchen nicht gebrochen zu werden, wenn Sie sie aufrecht ins kochende Wasser halten und nach und nach langsam in den Topf schieben.

Reisreste aufwärmen Einen Reisrest wärmen Sie folgendermaßen auf: Sie geben den Reis in ein Haarsieb, hängen das Sieb über einen Topf mit kochendem Wasser und legen einen Deckel darüber. Nach sieben Minuten ist der Reis servierfähig und dennoch trocken.

Auflauf aus Resten Kartoffelreste ergeben mit Hackfleisch einen schmackhaften Auflauf. Hackfleisch mit Salz, Pfeffer, Paprika würzen und zusammen mit Zwiebelringen anbraten. Kartoffelreste mit dem Hackfleisch schichtweise in eine Auflaufform geben. Zum Schluß mit Tomaten- und Käsescheiben garnieren und 20 Minuten backen.

Salat aus Resten

Nudelreste lassen sich mit gekochtem Schinken, Tomaten, Käse und einer Mayonnaise-Joghurt-Creme zu einem herzhaften Salat verwerten.

Reisreste verwerten

So verwerten Sie Reisreste: Fleischwürfel (auch Fisch) in der Pfanne garen, Gemüse aus der Dose mit der Flüssigkeit dazugeben, den Reis darin erwärmen. Zum Schluß mit Salz, Pfeffer, Paprika oder Curry würzen.

Kein Anbrennen beim Aufwärmen

So lassen sich Speisereste problemlos aufwärmen: Setzen Sie einen größeren, mit Wasser gefüllten Topf auf die Herdplatte, da hinein stellen Sie den kleineren Topf mit den Speiseresten. In so einem Wasserbad aufgewärmt brennt nichts an.

Glatte Nudeln

Wenn Sie Nudeln stark würzen wollen, nach dem Garen nicht mehr mit Wasser abspülen. Sie werden dadurch so glatt, daß die folgenden Würzzutaten schlecht an ihnen haften. Lieber etwas Speiseöl oder Butter darübergeben, damit die Nudeln nicht kleben.

Kein Überkochen

Geben Sie einen kleinen Schuß Öl in das Kochwasser, dann vermeiden Sie das Überkochen beim Garen von Reis, Nudeln oder Kartoffeln.

Schneidehilfe für Kartoffeln

Mit einem Eierschneider können Sie gepellte Kartoffeln für den Kartoffelsalat oder für Bratkartoffeln leichter und gleichmäßiger teilen.

Knusprige Bratkartoffeln

Bratkartoffeln werden viel knuspriger, wenn Sie die Kartoffelscheiben kurz vor dem Braten leicht mit Mehl überstäuben.

Nagel durch Kartoffeln

In Alufolie gebackene Kartoffeln werden schneller gar, wenn Sie durch jede Kartoffel der Länge nach einen sauberen Nagel stecken. Das Metall leitet die Wärme, die Garzeit wird so um ein Viertel gekürzt.

Marinade heiß

Gießen Sie die Marinade für Ihren Kartoffelsalat immer heiß über die Kartoffelscheiben. So zieht die Marinade besser durch.

Ohne Deckel garen

Brechbohnen behalten ihre frische knackige Farbe, wenn sie ohne Deckel im Topf gegart werden.

Auberginen nicht mehr braun Auberginen sind eisenhaltig und werden an den Schnittflächen schnell braun. Etwas Zitronensaft darauf geträufelt verhindert das Braunwerden.

Nicht mehr bitter Damit Chicoree nicht so bitter schmeckt, entfernen Sie mit einem scharfen Messer kegelförmig den bitteren Kern. Wenn Sie Chicoree kochen, geben Sie dem Kochwasser etwas Zitronensaft zu, das nimmt ebenfalls den bitteren Geschmack.

Weißer Sellerie Sellerie bleibt appetitlich weiß, wenn Sie in das Kochwasser einen Schuß Speiseöl geben.

Blätter überbrühen Kohlrouladen lassen sich viel leichter einrollen, wenn Sie die Weißkohlblätter mit kochendem Wasser überbrühen.

Strunk einschneiden Oft sind die Blumenkohlröschen gar, der Strunk aber noch nicht. Das verhindern Sie, wenn Sie den Strunk kreuzweise einschneiden. Den Blumenkohl mit dem Strunk nach unten in den Topf geben.

Omas Tip

Sauerkrautsaft binden

Kochflüssigkeit vom Sauerkraut kann man mit einer roh geriebenen Kartoffel binden.

Gekocht schälen Harte Gemüse wie Rote Bete, Sellerie und Schwarzwurzeln lassen sich roh schwer schälen. Nach dem Kochen ist das Schälen kein Problem mehr.

Strunk einkerben Rosenkohl wird gleichmäßig gar, wenn Sie gleich beim Putzen den kleinen Strunk einkerben.

Möhren mit Apfelsaft Gekochte Mohrrüben schmecken herzhafter, wenn man dem Kochwasser einen Schuß Apfelsaft beigibt.

Kraut entfernen Frische Karotten nie mit dem Kraut aufbewahren, da das Kraut der Wurzel Feuchtigkeit entzieht und die Wurzeln dadurch schneller welk werden.

Schöne grüne Erbsen

Grüne Erbsen behalten ihre herrlich frische Farbe, wenn Sie dem Kochwasser ein wenig Zucker beigeben. Der Zucker verbessert außerdem den Geschmack.

Omas Tip

Angeschnittene Zwiebel aufheben?
Eine angeschnittene Zwiebel sollte man nur aufheben, wenn man weiß, daß sie bald aufgebraucht wird. Legen Sie die Zwiebel auf eine Untertasse und stülpen Sie ein Glas darüber, oder geben Sie sie in ein festverschließbares Marmeladenglas.

Spinatreste nicht aufwärmen

Spinatreste niemals wieder aufwärmen, weil sie dann Schadstoffe entwickeln, die zu Vergiftungen führen können.

Petersilie gegen Knoblauchgeruch

Wollen Sie auf die Verwendung von Knoblauch nicht verzichten, den Knoblauchgeruch jedoch etwas mildern, so geben Sie den Gerichten viel gehackte, frische Petersilie zu. Das Chlorophyll der Petersilie vertreibt den Knoblauchgeruch schneller.

Omas Tip

Zwiebelschneiden ohne Tränen
Beim Zwiebelschneiden gibt es keine Tränen, wenn Sie einen Schluck Wein in den Mund nehmen und während des Schneidens im Mund behalten.

Milch nachtrinken

Haben Sie rohe Zwiebeln gegessen, kommt das Ihrer Gesundheit zugute. Der lästige Zwiebelgeruch verschwindet, wenn Sie ein Glas frische Milch nachtrinken.

Kaffeesatz gegen Knoblauchgeruch
Unangenehmen Knoblauchgeruch an den Händen können Sie so entfernen: Reiben Sie die Hände gründlich mit Salz oder mit Kaffeesatz ab.

Omas Tip

Welker Salat wieder frisch
Welker Salat wird wieder schön knackig, wenn Sie die Blätter in eine Schüssel mit Wasser tun, etwas Zitronensaft und einige rohe Kartoffelschalen hinzugeben und alles an einen kühlen Ort stellen.

Keine Augenreizung
Spülen Sie Messer, Brett und Zwiebel mit kaltem Wasser ab, bevor Sie mit dem Zwiebelschneiden beginnen. So gibt es keine Augenreizung.

Knusprige Zwiebelringe
Zwiebelringe braten Sie besonders knusprig, wenn Sie sie vor dem Rösten leicht mit Mehl bestäuben. Lassen Sie die Zwiebelringe nicht zu dunkel bräunen, sonst schmecken sie bitter.

Zwiebeln ankochen
Kleine weiße Zwiebeln lassen sich besser schälen, wenn man sie vorher zwei Minuten in kochendes Wasser legt.

Sojakeime kurz erhitzen
Sojakeime dürfen nur ganz kurz, also zwei bis drei Minuten, erhitzt werden, da sie sonst ihre knackige Beschaffenheit verlieren und schlaff werden.

Vor dem Schälen kochen
Maronen lassen sich besser schälen, wenn Sie die Schale an der Spitze kreuzweise einritzen und die Maronen dann einige Minuten in Wasser kochen.

Champignons weiß und fest
Champignons, die Sie für den Salat verwenden wollen, bleiben weiß und fest, wenn sie mit Zitronensaft beträufelt werden.

Radieschen wieder frisch
Welke Radieschen bekommen ihre Frische zurück, wenn man sie umgekehrt, das heißt mit dem Grün zuunterst, in Wasser stellt.

Gewürze regen den Appetit an, fördern die Bildung des Magensaftes und machen dadurch die Speisen bekömmlicher. Verwenden Sie mehr Gewürze und weniger Salz, auf diese Weise speichert der Körper kein überflüssiges Wasser.

Weniger Salz

Suppen und Eintopf: zu Beginn salzen. Kurzgebratenes Fleisch: erst nach dem Braten salzen. Braten und Geflügel im Backofen: vor Beginn mit Salz einreiben. Gemüse: im gesalzenen Wasser kochen.

Wann salzt man richtig?

Eine versalzene Suppe kann man mit trockenem Brot oder mehreren Scheiben roher Kartoffeln mildern. Beides bindet Salz. Nach kurzer Zeit wieder aus der Suppe nehmen.

Versalzene Suppe

Sollen die Gewürze nicht in Suppe oder Eintopf bleiben, kann man sie in ein Mullsäckchen einbinden oder in ein eigens für diesen Zweck gekauftes Tee-Ei geben. Kräuterzweige zum Sträußchen binden und mitkochen.

Gewürze im Eintopf

Geben Sie einen frischen Zweig Estragon oder eine Mischung von Rosmarin, Thymian, Liebstöckel, Zitronenmelisse und Basilikum in Ihre Essigflasche. An einem sonnigen Platz zwei Wochen ziehen lassen und dann durchsieben und in eine saubere Essigflasche geben.

Kräuteressig selbst zubereiten

Geronnene Mayonnaise bekommen Sie wieder glatt, wenn Sie erneut ein Eigelb mit Zitronensaft, Salz und Senf gut verrühren. Teelöffelweise dann die geronnene Mayonnaise dazugeben und dabei heftig schlagen.

Mayonnaise wieder glatt

Frische Kräuter immer erst kurz vor dem Servieren hacken oder schneiden und zu dem Gericht geben.

Frische Kräuter

Frische Gewürze halten ihr Aroma länger, wenn Sie sie in Olivenöl einlegen und im Kühlschrank aufbewahren, statt sie zu trocknen.

Frisch in Öl

Stellen Sie sich Ihr frisches Knoblauchsalz selber her, indem Sie eine Zehe auf einem mit Salz bestreuten Brett zerquetschen. Das Salz nimmt den Saft auf und hält so das köstliche Knoblaucharoma.

Knoblauchsalz selbstgemacht

Meerrettich bleibt weiß

Geriebener Meerrettich bleibt appetitlich weiß, wenn Sie etwas Zitronensaft oder Essig hinzufügen. Mit etwas geschlagener Sahne untergehoben schmeckt Meerrettich nicht so scharf.

Senf dunkel lagern

Senf im Glas sollten Sie stets dunkel – am besten im Kühlschrank – lagern, da die ätherischen Öle lichtempfindlich sind und sich vor allem bei Sonnenlicht schnell zersetzen.

Kein Kleben bei Aspik

Aspik bleibt manchmal in der Form kleben. Sie bringen die gelierte Masse leicht heraus, wenn Sie ein Tuch mit heißem Wasser befeuchten und es dann gut ausgewrungen kurz über die Aspikform legen.

Senf auffrischen

Eingetrockneter Senf kann weiterverwendet werden, wenn er mit etwas Essig, Öl und einer Prise Zucker durchgerührt wird.

Heißes Wasser öffnet

Wenn die Verschlüsse von Senftuben eingetrocknet sind und sich nicht öffnen lassen: kurz unter heißes Wasser halten.

Kapern lange haltbar

Kapern verderben nicht, wenn Sie etwas Öl in die Salzlake gießen und das Gefäß fest verschlossen aufbewahren.

Omas Tip

Ersatz für Trichter

Wenn Mühlen oder Streubehälter für Pfeffer und Salz aufgefüllt werden müssen und kein Trichter zur Hand ist, nehmen Sie eine an der Spitze abgeschnittene Tüte oder einen Briefumschlag.

Kartoffelpuffer verbessern

Kartoffelpuffer aus der Tüte schmecken fast wie selbstgemacht, wenn Sie ein paar frisch geriebene Kartoffeln mit einer ebenfalls geriebenen Zwiebel dazugeben.

Schimmel verhindern

So verhindern Sie, daß Oliven im Glas schimmeln: Gießen Sie einen Schuß Öl auf die Oliven, oder bedecken Sie die Oberfläche mit Zitronenscheiben.

Wenn Eier kleben

Wenn Eier am Karton festkleben, legen Sie die ganze Pappschachtel ins Wasser, bis der Karton aufweicht.

Omas Tip

Pfannkuchen mit Bier

Das Geheimnis besonders lockerer Pfannkuchen ist ein kräftiger Schuß Bier, der in den Teig gerührt wurde.

Sprudel statt Milch

Wenn Sie Pfannkuchen mit Mineralwasser statt mit Milch zubereiten, werden sie schön locker.

Weniger Fett

Schmalzgebäck schmeckt köstlich, macht aber leider dick. Wenn Sie einen Löffel Essig unter den Teig rühren, zieht das Schmalzfett beim Backen weniger in das Gebäck ein als sonst.

Milch setzt nicht an

Damit Milch beim Kochen nicht ansetzt, spülen Sie den Topf vor dem Einfüllen der Milch mit kaltem Wasser aus.

Milchreis vorkochen

Damit Milchreis nicht pappig wird, kochen Sie den Reis drei Minuten in leicht gesalzenem Wasser vor. Das Wasser abgießen, dann weiter in Milch garen.

Kein Zusammenfallen

Schaumomeletts fallen leicht zusammen. Mit einer Messerspitze Speisestärke pro Ei verhindern Sie das Einfallen.

Eischnee

Eiweiß läßt sich nicht mehr steifschlagen, wenn es nicht sauber vom Eigelb getrennt wurde und wenn die Schüssel nicht fettfrei ist. Das Fett des Eigelbs verhindert die Schaumbildung.

Sahne unterziehen

Sahne oder Eischnee erst unter die Gelatinesüßspeise geben, wenn diese anfängt, fest zu werden, so daß sich der Eischnee oder die Sahne gleichmäßig verteilen.

Sicherer Sturz Wenn Sie Pudding oder Gelatinespeisen stürzen wollen, spülen Sie die Form vorher mit kaltem Wasser aus, sonst haftet die Puddingmasse an der Form.

Schlagsahne mit Puderzucker Schlagsahne bleibt steif, wenn Sie statt normalem Zucker Puderzucker nehmen.

Schlagrahm schnell steif Schlagsahne gelingt Ihnen besser, wenn sie direkt aus dem Kühlschrank kommt und Sie beim Schlagen etwas Zitronensaft hinzugeben.

Joghurt selbstgemacht Man braucht nicht unbedingt einen Joghurtapparat, um selbst Joghurt zu machen. Erwärmen Sie Milch auf 36 Grad und fügen Sie pro Liter einen reichlichen Löffel Joghurt hinzu. Alles gut durchschlagen. Die Milch in einem Thermosbehälter für ungefähr drei Stunden auf dieser Temperatur halten, bis die Milch stockt. Dann abkühlen lassen und in den Kühlschrank stellen.

Harter Käse zum Kochen Ist der Käse einmal sehr hart geworden, können Sie ihn immer noch für Kochzwecke verwenden. Geben Sie den Käse grob zerkleinert in ein Gefäß; dann bedecken Sie ihn mit Weißwein und lassen ihn über Nacht zugedeckt ziehen.

Gefroren reiben Zu weicher Käse läßt sich leichter reiben, wenn er kurz gefroren wurde. Zusätzlich können Sie die Reibe noch leicht mit Öl einfetten.

Bitterer Käse Käse muß beim Grillen schmelzen, darf aber nicht braun werden, denn brauner Käse schmeckt bitter.

Gerinnen vermeiden Wenn Käsefondue zu gerinnen droht, geben Sie ein bis zwei Teelöffel Zitronensaft hinzu und rühren dabei die Masse kräftig durch.

Brötchen einpinseln Selbstgebackene Brötchen oder Brot werden schön glänzend, wenn sie vor dem Backen mit etwas Eigelb oder einem dünnen aufgekochten Stärkebrei bepinselt werden.

Reste von Käsefondue

Reste von Käsefondue können ausgezeichnet weiterverwertet werden, zum Beispiel für einen pikanten Nudelauflauf.

Wieder knusprig

Käsegebäck und Chips, die weich geworden sind, backen Sie im Backofen wieder auf.

Paniermehl selbstgemacht

Paniermehl können Sie leicht selber herstellen, indem Sie trockenes Weißbrot in den Mixer oder in die elektrische Rohkostreibe geben.

Omas Tip

Bienenwachs fürs Weihnachtsgebäck

Ein Backblech, das mit Bienenwachs eingefettet wird, gibt Weihnachtsplätzchen einen besonderen Geschmack. Schieben Sie das Blech kurz in den Ofen, damit es warm wird. Dann mit einer Bienenwachskerze, die Sie waagerecht legen, über das Blech streichen.

Hefeteig mit Öl

Ein kleiner Trick für den Hefeteig: Nehmen Sie statt Margarine oder Butter lieber etwas Öl, es läßt sich leichter in den Teig kneten, und der Hefeteig bleibt länger frisch.

Vorsicht bei Biskuitteig

Biskuitteig herzustellen ist besonders schwierig. Stets nur im gut vorgeheizten Backofen backen. Sowie der Kuchen goldgelb geworden ist, herausnehmen und auf ein mit Zucker bestreutes Tuch stürzen. Mit einem Tuch bedeckt auskühlen lassen.

Buttercreme wieder glatt

Keine Angst vor Pannen bei der Buttercreme-Zubereitung. Wenn die Buttercreme geronnen ist, haben Sie zu kalte Butter benutzt oder diese zu rasch in die Creme gegeben. Stellen Sie die Schüssel auf einen Topf mit kochendem Wasser, dabei mit dem Schneebesen kräftig durchschlagen, und die Creme wird wieder glatt.

Keine Blasen mehr Mürbeteigböden und Blechkuchen werfen während des Backens keine Blasen, wenn man die Kuchen direkt vor dem Backen gleichmäßig mit einer Gabel einsticht.

Omas Tip

Besseres Streichen

Eigelb läßt sich auf Kuchen und Plätzchen leichter verstreichen, wenn man beim Schlagen etwas Wasser dazugegeben hat. Eine Prise Salz verbessert den Geschmack.

Backform trocken reinigen Backformen nur naß säubern, wenn es unvermeidbar ist, da der Kuchen dann leicht anklebt. Besser ist es, die Backform mit Küchenkrepp und Salz auszureiben.

Omas Tip

Lebkuchen bleiben weich

Lebkuchen, Honigkuchen und Pfefferkuchen bleiben weich, wenn sie in einer fest verschließbaren Blechdose aufgehoben werden. Legen Sie einige Apfel- oder Orangenschnitze dazu.

Garprobe Kuchen ist dann gar, wenn Sie mit einer Stricknadel in die Mitte des Kuchens stechen und kein Teig an der Nadel mehr haften bleibt. Ist die Oberfläche aber schon braun, das Innere des Kuchens noch feucht, legen Sie ein doppelt gefaltetes Pergamentpapier auf den Kuchen, damit er von außen nicht verbrennt.

Verbrannten Kuchen retten Leicht verbrannten Kuchen retten Sie, indem Sie die schwarzen Stellen mit einer leicht gebogenen, feinen Reibe abreiben und den Kuchen anschließend mit Puderzucker überstäuben. Eine gute Lösung ist auch, einen Zucker- oder Schokoladenguß darüberzuziehen.

Omas Tip

Puderzucker selbstgemacht

Ist kein Puderzucker mehr im Haus, behelfen Sie sich auf diese Weise: Bügeln Sie normalen Zucker zwischen Pergament so lange mit einem warmen Bügeleisen, bis er zu Staubzucker zerfällt.

Keine Klumpen mehr

Wenn der Puderzucker klumpig ist, erwärmen Sie ihn erst im Backofen und füllen ihn dann in einen Plastikbeutel, den Sie fest verschließen. Den Zukker mit dem Rollholz walzen.

Torte dekorieren

Selbstgemachte Torten kann man blitzschnell dekorieren, indem man ein Zierdeckchen aus Papier auf die fertige Torte legt, alles mit Puderzucker bestäubt und das Deckchen anschließend vorsichtig wieder abnimmt.

Backpapier verwenden

Backbleche und -formen bleiben sauber, wenn Sie zum Backen Backpapier verwenden. Das Papier kann zwei- bis dreimal benutzt werden. Alufolie dient demselben Zweck.

Wellholz ins Gefrierfach

Manchmal bleibt Kuchenteig am Wellholz kleben, obwohl Sie es gut abgemehlt haben. Da hilft ein einfacher Trick: Legen Sie Holz und Kuchenteig für kurze Zeit ins Gefrierfach.

Besser hacken

Nüsse oder Mandeln können Sie gut hacken, wenn Sie einen Teelöffel Zucker über die Früchte streuen. So springen sie beim Hacken nicht umher.

Mandeln rösten

Rösten Sie die geschälten Mandeln, die Sie zum Garnieren verwenden möchten, leicht im Backofen.

Dadurch wird der Geschmack noch verbessert. Eine glänzende Oberfläche erhalten Mandeln, wenn Sie sie in Eiweiß wenden.

Omas Tip

Flasche als Wellholz

Müssen Sie Teig auswalzen und haben kein Wellholz zur Hand, tut es auch eine gerade Flasche. Vorher gut waschen, von Aufklebern befreien und mit heißem Wasser gefüllt gut verschließen.

Kein Versinken im Teig

Rosinen und Korinthen, die Sie für den Kuchen verwenden wollen, brauchen Sie nicht vorher zu waschen. Wenn Sie sie trotzdem waschen, lassen Sie die Trockenfrüchte gut abtropfen und bepudern sie leicht mit Mehl. Sie sinken dann im Teig nicht nach unten.

Keine matschigen Tortenböden

So vermeiden Sie, daß Tortenböden beim Belegen mit Obst matschig werden: Vor dem Auslegen mit dem Obst den Boden gründlich mit Eiweiß bestreichen.

Omas Tip

Kirschen entkernen

Kirschen entkernt man leicht mit einer mittelgroßen Haarnadel, die man mit den spitzen Enden in einen Flaschenkorken steckt. Die Drahtschlinge in das Stielloch stechen und mit einer Drehung den Kern aus dem Fruchtfleisch drücken.

Heißes Wasser hilft

Kandierte Früchte sind schlecht zu schneiden, weil sie so klebrig sind. Benutzen Sie ein Messer, das Sie zuvor in heißes Wasser tauchen.

Frische Ananas kann nicht für Speisen verwendet werden, die mit Gelatine zubereitet sind. Im Gegensatz zu Ananas aus der Dose enthalten frische Früchte Enzyme, die das Gelieren verhindern.

Frische Ananas geliert nicht

Brauchen Sie nur einige Tropfen Zitronensaft, dann stechen Sie die Frucht am Ende mit der Gabel etwas an. Bei leichtem Drücken tropft der Saft heraus.

Zitronen tropfenweise

Frische Zitronen erkennt man an einer glänzenden Schale, alte haben eine matte Schale. Früchte mit einer kleinporigen dünnen Schale geben mehr Saft.

Zitronentest

Weintrauben halten bis Weihnachten, wenn die Schnittstellen mit Siegellack verschlossen und die Früchte in einem kühlen Raum auf eine Schnur gehängt werden.

Trauben im Dezember

Eine gesunde und köstliche Möglichkeit, leicht säuerliche Bratäpfel zu süßen: Bestreichen Sie die Äpfel nach dem Backen mit Honig. Die Frucht muß noch sehr heiß sein, dann verteilt sich der Honig ganz leicht.

Bratäpfel süßen

Äpfel, deren Schale nicht mehr frisch ist, überbrühen Sie mit heißem Wasser. So lassen sie sich leichter schälen.

Alte Äpfel schälen

Preiselbeeren schmecken besser, wenn sie nach dem ersten Frost geerntet werden. Beeren, die Sie auf dem Markt kaufen, haben sicher noch keinen

Preiselbeeren brauchen Frost

Winterfrost erhalten. Wenn Sie die Früchte über Nacht in das Gefrierfach legen, erzielen Sie den gleichen Effekt.

Omas Tip

Frische Äpfel im Winter

Die im Garten geernteten Äpfel für den Winterbedarf bleiben so gelagert knackig frisch: Die Äpfel sorgfältig mit reinem, trockenem Sand oder Torfmull in Steintöpfen oder Kisten schichten, so daß sich die Früchte nicht gegenseitig berühren. Obenauf noch eine Schicht Sand geben und dann die Kisten oder Töpfe in den kühlen Keller stellen.

Melonen salzen

Süße Melonen entfalten ihren Fruchtgeschmack besonders intensiv, wenn die geschnittenen Melonenstückchen kurz vor dem Essen mit ein wenig Salz bestreut werden.

Standfeste Grapefruit

Die Grapefruit wackelt nicht mehr auf dem Teller, wenn Sie folgenden Trick anwenden: Schneiden Sie von beiden Enden der Grapefruit eine dünne Scheibe der Schale ab. Dann erst die Frucht teilen und mit dem Messer das Fruchtfleisch lösen.

Orangen leichter schälen

Orangen für den Obstsalat lassen sich leichter schälen, wenn Sie die Früchte zunächst fünf Minuten in kochendes Wasser oder in den heißen Backofen legen. So löst sich sogar der weiße Schalenrest im Nu. Diesen Trick kann man natürlich auch zu anderen Gelegenheiten anwenden.

Schneller reif

Unreife Kiwis reifen schneller, wenn Sie zu den Kiwi-Früchten einen reifen Apfel mit in die Papiertüte stecken. Der Apfel sondert Äthylengas aus, das die Reifung beschleunigt. Dies gilt auch für andere Früchte.

Paranüsse lassen sich besser knacken, wenn Sie die Nüsse gefrieren oder im Backofen zehn Minuten bei 200 Grad erhitzen. Die Schale bricht leicht auf, und die Nußkerne bleiben heil.

Paranüsse knacken

Eiswürfel für Longdrinks bergen eine hübsche Überraschung, wenn Sie Kirschen mit einfrieren. Wenn das Wasser taut, drehen sich die Früchte im Glas. Abgekochtes Wasser ergibt glasklare Würfel, in deren Mitte die Kirschen gut zu sehen sind.

Kirschen im Eiswürfel

Teekannen sollten Sie wirklich nur für Tee benutzen und innen nicht säubern. Muß es doch einmal sein, brühen Sie Hagebuttentee in der Kanne auf und spülen anschließend klar nach.

Teekannen nicht spülen

Werfen Sie die Eierschachteln nicht fort, nachdem Sie die Eier in den Kühlschrank geräumt haben. Die Schachteln sind ein hervorragendes Bastelmaterial für Kinder, und auch Ihr Einzelhändler wird sich freuen, wenn Sie die Eierschachtel zum nächsten Einkauf wieder mitbringen.

Eierschachteln nicht fortwerfen

Wenn das Haushaltspapier aufgebraucht ist, bleibt eine feste Papprolle übrig, die Sie nicht wegwerfen sollten. Verlängerungsschnüre lassen sich ordentlicher aufheben, wenn man sie durch die Papprollen zieht und so aufhängt.

Papprollen aufheben

Einkauf und Vorratshaltung

Einkaufszettel an der Wand	Dem Einkaufszettel gebührt ein fester Platz in Ihrer Küche. Praktisch: eine Papierrolle an der Küchenwand. Darauf kann jedes Familienmitglied notieren, was fehlt.
Sparen durch Großeinkauf	Der monatliche Großeinkauf spart Ihnen Zeit und Geld. Tun Sie sich mit Nachbarn zusammen, dann lohnen sich die preiswerten Großpackungen.
Erst essen – dann kaufen	Gehen Sie nie mit leerem Magen einkaufen. Nur allzu leicht verführt Sie der Hunger zum Kaufen von Waren, die Sie gar nicht brauchen.
Einkaufsdatum notieren	Bei Vorräten ohne Haltbarkeitsdatum sollten Sie das Einkaufsdatum auf die Packung schreiben.
Kein Vorratskauf bei Sommerhitze	Bei Sommerhitze sollten Sie sich keinen Vorrat an leicht verderblichen Lebensmitteln anlegen, denn sie verderben dann auch im Kühlschrank schneller.
Auf Deckel achten	Konserven mit gewölbtem Deckel sind verdorben und müssen fortgeworfen werden. Der Verzehr des Inhalts kann Lebensmittelvergiftungen hervorrufen.
Im Dunkeln länger haltbar	Lebensmittel, die in Gläsern oder Flaschen verpackt sind, sollten Sie möglichst an einem dunklen Ort lagern. Dann halten sie länger.
Deckel drauf	Milch, Quark und andere Lebensmittel, die schnell fremde Gerüche annehmen, sollen stets zugedeckt aufbewahrt werden.
Gefährliche Lötstellen	Achten Sie beim Kauf von Dosenmilch darauf, daß Sie keine verlötete Dose erwischen. Die Lötstelle

gibt giftiges Blei in die Milch ab. Gelötete Dosen erkennen Sie am geraden Dosenrand. Ungelötete Dosen haben eine erhabene Dosenkante.

Geöffnete Konservendosen stets ausleeren und den Inhalt in anderen Behältern aufheben. Die Luft in Verbindung mit dem Säuregehalt des Doseninhalts zerstört die Schutzschicht der Dosenwand – ungenießbare, giftige Substanzen verderben den Inhalt.

Angebrochene Dosen leeren

Den Kühlschrank regelmäßig reinigen und keine industriellen Reinigungsmittel verwenden. Sie sind entweder zu scharf oder parfümiert. Lieber mit einem essiggetränkten Tuch ausreiben und gut trokkenwischen.

Essig für den Kühlschrank

Reifansatz im Kühlschrank erhöht den Energieverbrauch. Schon zwei Millimeter Reifansatz treiben den Stromverbrauch um 15 Prozent in die Höhe. Darum regelmäßig abtauen.

Abtauen spart Energie

Die Temperatur zirkuliert unterschiedlich im Kühlschrank. Leicht verderbliche Lebensmittel oben unter dem Gefrierfach lagern, dort ist es am kühlsten; Gemüse kommt ganz nach unten ins Gemüsefach.

Temperatur berücksichtigen

Die Größe Ihres Gefriergerätes richtet sich nach der Personenzahl Ihres Haushalts und nach dem Platz, der Ihnen zur Verfügung steht. Wählen Sie das Gerät immer eine Nummer größer, denn hat man sich an das Einfrieren gewöhnt, möchte man mehr Vorrat lagern.

Kein zu kleines Gefriergerät

Zum Einfrieren das Gerät nach Gebrauchsanweisung einige Stunden auf Super stellen. Die verpackten Lebensmittel mindestens 24 Stunden darin lassen. Das Gefriergerät muß eine Mindesttemperatur von minus 18 Grad haben.

Vorschrift beachten

Weiße Soße aus Margarine und Mehl gerinnt, wenn sie tiefgefroren wird. Fertigsoße aus der Tüte kann dagegen problemlos eingefroren werden.

Nicht jede Soße tiefgefrieren

Brot friert man so ein: Erst in Haushaltspapier einschlagen, dann in Alufolie oder Plastik wickeln. So wird es nach dem Auftauen nicht matschig.

Brot eingefrieren

Ansehnlicher Obstkuchen Tiefgekühlter Obstkuchen sieht nach dem Auftauen oft ramponiert aus, weil die Form der Früchte unter dem Kühlprozeß leidet. Aus Fruchtsaft und Tortengußpulver können Sie schnell einen Obstguß bereiten, der Schönheitsfehler gut bedeckt.

Markige Reserve Fleischbrühe ist ein ausgezeichneter Fond zum Kochen, Dünsten und für Soßen. Kochen Sie Markknochen in mehreren Litern Wasser gut aus und füllen Sie die Brühe in kleinere Behälter um, die Sie tiefkühlen. So haben Sie bei Bedarf eine kräftige, echte Brühe parat.

Kuchenteig lagern Beim Kuchenbacken gleich die doppelte Menge Teig herstellen; tiefgefroren aufbewahrt hat man zum nächsten Backtermin den Teig schon fix und fertig.

Portionieren Frieren Sie immer in Portionen ein, wie sie üblicherweise in Ihrer Familie verbraucht werden. Übriggebliebenes Gefriergut kann nicht wieder eingefroren werden.

Nur Backwaren dürfen warm sein Alle Lebensmittel außer Backwaren abgekühlt und luftdicht verpackt ins Gefriergerät geben. Sind sie nicht luftdicht verpackt, trocknet das Gefriergut aus. Backwaren werden noch warm eingefroren.

Fett wird ranzig Achten Sie darauf, daß Fleisch zum Tiefkühlen fettarm ist. Fett kann auch im Gefriergerät ranzig werden.

Verpacken Sie Frischfleisch beim Einfrieren möglichst flach, damit die Kälte schneller zum Kern dringt.

Fleisch flach verpacken

Gemüse werden vor dem Einfrieren blanchiert, das heißt zwei bis fünf Minuten in kochendheißes Wasser getaucht. Erst völlig abgekühlt ins Gefriergerät geben.

Gemüse blanchieren

Beerenobst wird nach dem Auftauen leicht matschig. Das liegt an unsachgemäßem Einfrieren. So ist es richtig: Beerenobst waschen, auf Tüchern trocknen und anschließend die Früchte einzeln auf Tabletts vorfrieren. Mit oder ohne Zucker verpakken und ins Gefrierfach geben.

Kein matschiges Obst

Weinreste nicht wegschütten, sondern in Würfelbehältern einfrieren und zum Verfeinern von Bratensoßen verwenden.

Wein in Würfeln

Tiefgekühlte Lebensmittel, die aufgetaut worden sind, kann man nicht wieder einfrieren, sie werden ungenießbar.

Tiefgekühltes rasch verwenden

Wenn das Gefriergerät einmal ausfällt, auf keinen Fall die Türe beziehungsweise den Deckel öffnen, dann hält sich die Kühle noch bis zu 12 Stunden. Zeit genug, den Kundendienst anzurufen.

Nicht öffnen

Omas Tip

Marmelade mit Obstler verfeinern

Ein Schuß Kirschwasser, Himbeergeist und andere Obstler geben hausgemachten Marmeladen oder Gelees eine vollmundige Ergänzung und verhindern Schimmelbildung.

Haushaltspapier, das Sie in den Gemüsebehälter Ihres Kühlschrankes legen, saugt herabtropfende Feuchtigkeit auf.

Papier als Tropfenfänger

Klare Verhältnisse Früchte, die Sie einmachen wollen, ohne Schale, Stiele, Steine wiegen, damit das Verhältnis Obst zu Geliermittel stimmt.

Sicher beschriften Zum Beschriften von Marmeladengläsern und Tiefkühlkost einen wischfesten Spezialstift verwenden. Ihn gibt es in Kaufhäusern und Bürogeschäften.

Gläser vorwärmen Marmeladengläser platzen nicht, wenn man sie vor dem Einfüllen der heißen Marmelade im Backofen vorwärmt und anschließend auf ein feuchtes Tuch stellt.

Schimmel ist krebserregend Verschimmelte – auch angeschimmelte – Marmeladen und Eingemachtes sofort wegwerfen. Schimmel ist ein hochgradiger Krebserreger.

Auf Bläschen achten Beginnen Eingemachtes, Rumtopf oder Marmelade Bläschen zu werfen, so schnell wie möglich verbrauchen. Im Zweifelsfall lieber fortwerfen.

Omas Tip

Richtig einmachen

So wird eingemacht: Auf ein Pfund Früchte kommt ein Pfund Gelierzucker, dann werden Marmeladen und Gelees richtig.

Kompott einkochen Die Früchte in ein Glas geben und Zuckerlösung darüber. Harte Früchte wie Äpfel und Stachelbeeren werden in der Zuckerlösung einige Minuten vorgekocht.

Schaum schadet Beim Einkochen von Marmelade mit der Schaumkelle den Kochschaum entfernen. Kommt er mit ins Glas, geraten Luftbläschen in die Marmelade. Sauerstoff läßt alles schnell verderben.

Deckelgläser aufheben Babynahrungs- und Marmeladengläser mit Twist-off-Deckel können ausgezeichnet weiterverwendet werden, zum Beispiel als Einmach- oder Kräutergläser.

Heißes Wasser öffnet Gläser

Zu fest verschlossene Einmachgläser, die sich nicht öffnen lassen, hält man kopfüber in einen Topf mit heißem Wasser. Schon läßt das Glas sich problemlos öffnen.

Omas Tip

Tortenguß macht Marmelade fest

Hausgemachte Marmelade, die nicht fest genug geworden ist, kochen Sie noch einmal auf und fügen Tortenguß hinzu.

Kleine Gläser für Gelee

Selbstbereitete Konfitüren und Gelees gelieren in kleineren Gläsern leichter als in großen. Am besten wählen Sie Portionsgläser, die so hübsch sind, daß Sie sie auf den Frühstückstisch stellen können.

Aroma erhalten

Getrocknete Gewürze sollten Sie stets in licht- und luftundurchlässigen Gläsern aufbewahren, sonst verlieren sie schnell ihr Aroma.

Alte Kräuter würzen nicht

Sehen Sie zweimal im Jahr Ihre Gewürzvorräte durch, und werfen Sie bedenkenlos fort, was mehr als sechs Monate aufgehoben wurde. Lieber neu kaufen und trocknen lassen.

Omas Tip

Gurken mit Stich

Eingelegte Gurken werden würziger und knackiger, wenn man sie vor dem Einlegen der Länge nach durchsticht, zum Beispiel mit einer Stricknadel. Die Lake kann so gleichmäßig durchziehen.

Kräuter

Suppe aus Frühlingskräutern

Man nehme insgesamt zwei Hände voll jungen Spinat, Schnittlauch, Sauerampfer, Kerbel, Petersilienblätter, einige Erdbeer- und Brennesselblätter, Schafgarben- und Gänseblümchenblätter, Löwenzahn und Estragon, wäscht alles gut, wiegt es fein, dämpft es kurz in Butter, gibt Mehl dazu und läßt dieses mitdämpfen, löscht mit Wasser ab und läßt die Suppe eine halbe Stunde lang kochen. Mit Rahm und Eigelb abziehen und mit gerösteten Brotwürfeln servieren.

Omas Tip

Kräuterkompressen

Ein wahrer Balsam für die Haut sind Kompressen aus verschiedenen Kräutern in Regenwasser, das allerdings erst nach einer halben Stunde aufgefangen werden soll, weil es zuvor noch schmutzig ist. Für die Kompressen eignen sich ganz besonders Rosmarin, Thymian, Salbei, Fenchel sowie Lindenblüten, Heublumen, Kamille und, so man eine trockene Haut hat, auch Zitronenmelisse.

Nur auf feuchtem Brett

Verwendet man zum Hacken frischer Kräuter ein Holzbrett, sollte dieses feucht sein. Dann zieht der aromatische Saft nicht so leicht ein.

Vorsicht beim Sammeln!

Gut abwaschen genügt heutzutage nicht, wenn man die Wiesenkräuter am Straßenrand gesammelt hat!

Kräuter also nur dort pflücken, wo sie Autoabgasen nicht ausgesetzt sind!

Petersilie, Schnittlauch und Dill bleiben rund zehn Tage frisch und schnittfest, wenn sie in Plastikbeuteln, Plastikbehältern oder Gläsern mit Schraubverschluß im Kühlschrank aufbewahrt werden.

Im Kühlschrank aufbewahren

Küchenkräuter behalten mehr Aroma, wenn man sie nicht auf einem Holzbrettchen wiegt oder hackt. Ein Plastikbrettchen oder Porzellan leisten bessere Dienste, weil der Saft nicht einzieht.

Kein Holzbrettchen verwenden

Nicht nur im eigenen Garten, auch auf der Fensterbank in der Küche lassen sich die meisten Küchenkräuter ziehen. Voraussetzungen sind allerdings heller Stand, ausreichend frische Luft und gute Pflege.

Kräuter auf der Fensterbank

Werden Kräuter mitgekocht, so kann man sie unzerkleinert den Speisen beigeben und vor dem Servieren herausnehmen. Gibt man die Kräuter aber unmittelbar vor dem Servieren roh an die Gerichte, sollten sie zuvor mit dem Küchen- oder Wiegemesser oder mit der Kräutermühle zerkleinert werden. Rohe Kräuter haben auf jeden Fall mehr Nährwerte und Vitamine.

Am besten immer roh

Abwechslung macht Spaß

Es muß nicht immer nur Petersilie sein, die kalte Platten und andere Speisen ziert. Man kann ebensogut Dillkraut, Boretsch-, Schnittlauch- oder Bohnenkrautblüten nehmen; und auch ein Tripmadam-Zweiglein macht sich sehr hübsch.

Auf die Mischung kommt es an

Mischt man verschiedene Kräuter, sollte man im allgemeinen darauf achten, daß die mit besonders ausgeprägtem Aroma – Basilikum, Rosmarin und Thymian oder scharfe wie Bohnenkraut und Brunnenkresse – die weniger starken Kräuter nicht überlagern. Einfach von den »Starken« weniger nehmen!

Am frühen Morgen ernten

Will man Küchenkräuter einfrieren oder anderweitig konservieren, sollte bei Blühbeginn – und zwar am Morgen, wenn der Tau abgetrocknet ist – geerntet werden.

Gartenfrisch aus der Tiefkühltruhe

Will man ganze Kräuter einfrieren, werden sie schnell gewaschen, mit Küchenkrepp getrocknet und in kleine Gefäße, zum Beispiel Joghurtbecher, verpackt.

Der praktische Kräuterwürfel

Eine Würzmischung nach eigenem Geschmack können Sie leicht herstellen, wenn Sie gehackte Kräuter Ihrer Wahl in die Eiswürfelschale geben und mit etwas Wasser einfrieren. Beschriften nicht vergessen!

Vertreibt unerwünschte Düfte

Den unerwünschten Duft von Kohl- und mancherlei Eintopfgerichten verdrängt Kümmel, der dazu noch angenehm würzt. Wer die schwarzen »Körnchen« nicht im Essen haben will, kann Kümmel auch im Säckchen mitkochen.

Gegen die roten Äderchen

Wer unter kleinen roten Äderchen in der Gesichtshaut leidet, sollte dieses alte Hausmittel probieren: Zwei Hände voll feingehackter frischer Petersilie in Mullsäckchen geben und etwa eine halbe Stunde auf die Haut einwirken lassen.

Nicht nur für die Bohnen

Bohnenkraut mit seinem pfeffrig-würzigen Geschmack eignet sich keineswegs nur für Bohnen, sondern kann überall dort verwendet werden, wo Pfeffer empfohlen wird.

Petersilie – glatt oder kraus – braucht man täglich, besonders während der vitaminarmen Wintermonate. Sie paßt zu fast jedem Gericht.

Die vielseitige Petersilie

Im Gegensatz zu allen anderen Küchenkräutern läßt sich Schnittlauch nicht einfrieren.

Nicht einfrieren bitte

Nicht nur auf dem Rücken von Kresseschweinchen aus Ton, wie sie jetzt häufig in Gärtnereien und Kunstgewerbegeschäften angeboten werden, läßt sich die beliebte Gartenkresse auf der Fensterbank ziehen. Feuchte Küchenkrepptücher, Watte oder eine Zellstoffwindel in einer Tonschale leisten ebenfalls gute Dienste. Das frische Grün einfach mit der Schere abschneiden.

Immer frische Kresse

Hat man Estragon im Garten oder im Blumenkasten, sollte man ihn für Würzessig verwenden. In einer hübschen Flasche ist der Estragon-Essig auch ein originelles Geschenk.

Auch als Geschenk geeignet

Eine wohlschmeckende Zierde für viele Erfrischungsgetränke ist ein Zweig Zitronenmelisse.

Für Getränke

Wer einen Fasttag einlegen will, um ein oder zwei Pfunde loszuwerden, trinke einige Tassen mit Honig gesüßten Melissentee und dazu viel Mineralwasser. Das Hungergefühl wird verdrängt und der Magen beruhigt.

Hilft beim Schlankwerden

Oregano ist der wilde Majoran aus Italien und Mexiko.

Eine wilde Variante

Getrocknete Kräuter verlieren auch bei Aufbewahrung im gut verschlossenen Glas allmählich an Aroma. Deshalb spätestens nach einem Jahr erneuern.

Öfter mal erneuern

Dill und natürlich auch Petersilie lassen sich Monate aufbewahren, wenn man sie wäscht, fein wiegt, reichlich mit Salz vermischt und in ein verschließbares Gefäß gibt.

Mit Salz konservieren

Salbei paßt nicht nur vorzüglich zu Salaten, zu Fisch, Geflügel und Wild, eine Spülung mit kaltem Salbeitee hilft auch bei Entzündungen der Augenlider.

Eine bewährte Medizin

Zitronensaft zugeben Bewahrt man Petersilie zum schnellen Verbrauch in einem Glas Wasser auf, dann sollte man dem Wasser einige Tropfen Zitronensaft zusetzen.

In heißes Wasser legen Ist Petersilie welk geworden, kann man sie wieder frisch machen, wenn man sie für eine halbe Stunde in heißes Wasser legt.

Wird schnell sauer Weil Petersilie schnell säuert, sollte man sie während der warmen Jahreszeit nur an Gerichte geben, die zum schnellen Verzehr bestimmt sind.

Balkon- und Zimmerpflanzen

Bevor man Schnittblumen in die Vase stellt, sollten die Stiele angeschnitten werden, und zwar die weichen gerade, die holzigen aber schräg.

Länger Freude an Schnittblumen

Wer das Glück hat, Blumen aus dem eigenen Garten holen zu können, sollte auf die rechte Zeit zum Schneiden achten: Blumen, die voll erblüht sind, schneidet man am frühen Morgen, Blumen, die noch in der Knospe stehen, hingegen am Abend kurz vor Sonnenuntergang.

Blühendes aus dem eigenen Garten

Sind Blumenstiele geknickt, kann man die Blüte retten, wenn man die geknickte Stelle mit Tesafilm umwickelt.

Tesafilm kann helfen

Wenn Schnittblumen genügend Platz in der Vase haben, halten sie länger.

Blumen brauchen Platz

Kupferpfennige, aufgelöste Aspirintabletten, ein paar Eiswürfel oder zwei Eßlöffel heller Essig und zwei Eßlöffel Rohrzucker auf einen Liter Wasser gelten als bewährte Rezepte für längere Haltbarkeit der Schnittblumen.

Viele bewährte Rezepte

Stellt man Schnittblumen während der Nacht kühl, verlängert das ihre Lebensdauer ganz wesentlich.

Kühl während der Nacht

Alle Blätter, die im Wasser stehen würden, muß man bei Schnittblumen entfernen, weil sie sonst faulen und das Wasser »vergiften«.

Die unteren Blätter entfernen

Nicht alle Blumen vertragen sich miteinander. Tulpen und Narzissen zum Beispiel sollte man nicht in derselben Vase aufstellen.

Unverträgliche Blumen

Unter Wasser schneiden Werden Blumenstengel unter Wasser angeschnitten, können sich die Zellen voll Wasser saugen. Die Blumen lohnen das durch längere Frische.

Gelbes lebt länger Wer gelbe Blumen kauft, hat länger Freude: gelbe Blumen haben im allgemeinen eine größere Lebensdauer.

Mit neuer Frische Welk gewordene Schnittblumen, vor allem Rosen, die die Köpfe hängen lassen, werden wieder frisch, wenn man die Stiele ein wenig kürzt und sie wenige Minuten zuerst in heißes und dann in kaltes Wasser taucht.

Omas Tip

Strahlendes Kristall

Was tun, wenn die kostbare Kristallvase, die sich wegen ihres engen Halses nur schwer reinigen läßt, unansehnlich geworden ist? Man füllt sie zur Hälfte mit Wasser, gibt klein geschnittene Schalen einer Apfelsine dazu, schüttelt ein paarmal kräftig – und das Kristall erstrahlt in altem Glanz.

Keine umgefallenen Vasen Umgefallene Vasen sind keine schöne Bescherung. Solch ein Malheur läßt sich verhindern, wenn Kieselsteine, Murmeln oder auch Sand auf den Boden der Vase gegeben werden.

Täglich neues Wasser Trotz aller Mittelchen, mit denen die Langlebigkeit von Schnittblumen erreicht werden soll, muß das Wasser in der Vase täglich erneuert werden.

Wenn Vasen undicht sind Ist eine Keramik-Vase undicht geworden, bringt Einreiben mit Bohnerwachs oder Ausschwenken mit heißem Paraffin Hilfe.

Ein blühender Gruß Blühendes aus dem eigenen Garten kann man auch verschicken. Man schneidet dazu am frühen Morgen Blumen, die noch nicht voll erblüht sind, legt einen Karton mit feuchtem Moos aus, umwickelt die Blütenköpfe behutsam mit Seidenpapier und schichtet die Blumen jeweils Stiel an Kopf in den Karton. Zwischenräume am besten mit zusammengeknülltem Seidenpapier ausfüllen.

Kurz- und Langstieliges

Will man kurzstielige und langstielige Blumen zusammen zu einem Gebinde arrangieren, kann man die kurzstieligen in Trinkstrohhalme stecken und sie so verlängern.

Blumen im Kühlschrank

Hat man Blumen gekauft, die erst am nächsten Tag verschenkt werden sollen, kann man diese – in Papier eingewickelt und in Wasser stehend – auch im Kühlschrank aufbewahren, sofern dieser auf die geringste Kältestufe gestellt wird.

Nichts geht über Regenwasser

Topfpflanzen lieben es, mit Regenwasser gegossen zu werden. Man sollte es aber erst nach einer halben Stunde Regnen sammeln, weil es dann nicht mehr so verschmutzt ist. Auch reiner aufgetauter Schnee ist willkommenes Naß für Zimmerpflanzen.

Kein frisches Leitungswasser

Gießwasser sollte nicht frisch aus der Leitung genommen werden. Abgekochtes Wasser oder solches, das mindestens 24 Stunden gestanden hat, richtet weniger Schaden an.

Zu hartes Wasser schadet

Bei sehr hartem Wasser, also Wasser mit hohem Kalkgehalt – weißliche Verfärbungen an der Außenseite der Tontöpfe sind ein Indiz dafür – muß unbedingt etwas getan werden: In einen Eimer Wasser 12 bis 15 Stunden ein Säckchen fein zerkleinerten Torf hängen (etwa zwei Eßlöffel Torf je Liter Wasser).

Pflanzen mögen Bäder

Auch Pflanzen lieben erfrischende Wasserbäder. Es ist ganz einfach: Man taucht die Pflanzen bis zum Topfrand so lange in Wasser, bis keine Bläschen mehr aufsteigen. Anschließend gut abtropfen lassen.

Knollen- und Zwiebelgewächse gießen

Knollen- und Zwiebelgewächse sollten am besten von unten her gegossen werden; auch ein Tauchbad schätzen sie sehr.

Fußbäder schaden immer

Wasserreste im Untersatz oder im Übertopf sind schädlich und sollten immer abgegossen werden.

Feuchtigkeitsprobe

Gegossen werden muß immer dann, wenn der obere Teil der Erde sich trocken anfühlt. Man kann aber auch den Tontopf anklopfen: Ist Wasser nötig, dann klingt es hell, haben die Pflanzen keinen Durst, klingt es eher dumpf.

Eine Dusche tut gut

Besonders zur Winterszeit, wenn die Luft in den Räumen oft sehr trocken ist, sollten die Zimmerpflanzen regelmäßig besprüht werden, um die Luftfeuchtigkeit zu erhöhen und den Staub auf Blättern und Stengeln zu entfernen.

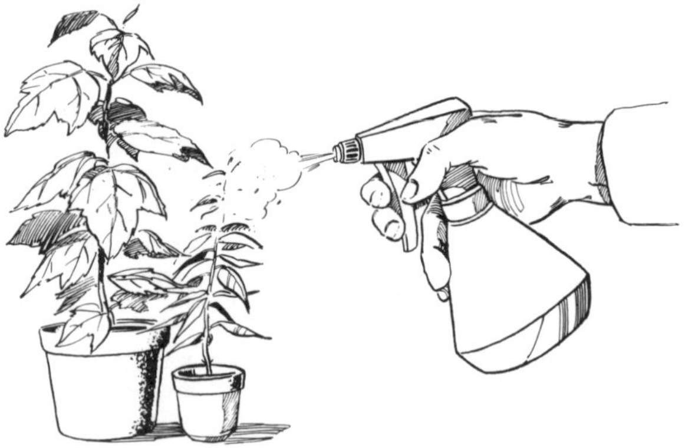

Vor Frost schützen

Während der Wintermonate sollten Sie Ihre Zimmerpflanzen so stellen, daß sie keineswegs mit der Scheibe in Berührung kommen. Diese wird nämlich sehr kalt und kann der Grund dafür sein, daß die eine oder andere Pflanze eingeht.

Keine Angst vor dem Urlaub

Auch ohne die Pflege hilfreicher Nachbarn können Ihre Zimmerpflanzen ihre Abwesenheit im Urlaub überstehen. Etwa 14 Tage sind die Pflanzen mit dem notwendigen Naß versorgt, wenn man die Töpfe um einen erhöht stehenden Eimer mit Wasser stellt, von diesem dicke Wollfäden in die einzelnen Töpfe leitet und dort in die Erde steckt.

Eine längere Abwesenheit der Pflegeperson überstehen Pflanzen, wenn man sie auf Ziegelsteinen in das Spülbecken oder in die Badewanne stellt und etwas Wasser einlaufen läßt. Über die Ziegel holen sich die Pflanzen das nötige Naß.

»Urlaubsquartier« in der Badewanne

Für kurze Zeit lassen sich Zimmerpflanzen feucht halten, wenn man nach kräftigem Gießen Moos oder kleine Steinchen dicht an dicht auf die Erde legt.

Kurze Zeit feucht halten

Übertöpfe sollten den Tontopf nicht zu eng umschließen. Die Pflanzen erhalten sonst zuwenig Luft.

Keine zu kleinen Übertöpfe

Blühende Pflanzen vertragen keine Zugluft. Das gilt insbesondere für Pflanzen, die in den Tropen beheimatet sind.

Zugluft schadet

Verlieren Ihre Pflanzen Blätter und werden dabei immer dürrer, so ist das oft ein Zeichen für angefaulte Wurzeln. Schneidet man die kranken Wurzeln aus und topft die Pflanze in sandiger Erde wieder ein, kann sie oft noch gerettet werden.

Hilfe bei angefaulten Wurzeln

Dekorativer sehen rankende Topfpflanzen aus, wenn man die Ranken mit Tesafilm da befestigt, wo man sie haben will.

Einfach »ankleben«

Auch Pflanzen brauchen regelmäßig eine richtige Ernährung – die Düngung. Sie wird heute durch ein großes Angebot fertiger Düngemittel leicht gemacht.

Mehr Freude an Zimmerpflanzen

Gedüngt werden dürfen nur gesunde Pflanzen. Kranke oder sehr schwache, gerade eingetopfte Pflanzen sind nicht in der Lage, die Nährstoffe aufzunehmen und weiterzuleiten.

Vorsicht bei kranken Pflanzen

Stehen Pflanzen in Blüte oder beginnen sie gerade zu blühen, sollte auf das Düngen verzichtet werden.

Nicht düngen bei Blühbeginn

Gibt man Flüssigdünger ins Gießwasser, muß darauf geachtet werden, daß Blätter und Triebe nicht damit benetzt werden.

Nur vorsichtig gießen

Blumentöpfe vollsaugen lassen

Neue Blumentöpfe sollte man vor Gebrauch ein paar Stunden in Wasser legen, damit sie sich vollsaugen können. Sie könnten andernfalls der Blumenerde das Gießwasser entziehen.

Omas Tip

Düngung nach bewährtem Rezept

Wer ſeine Zimmerpflanzen gut düngen will, nehme auf 20 Teile Erde einen Teil Ofenruß. Ebenſo bewährt hat ſich Gießwaſſer, in dem mindeſtens einen Tag lang Tiſchlerleim gelegen hat. Aber auch Kaffeeſatz, abgeſtandener ſchwarzer Tee mit Blättern, gelegentliches Gießen mit abgeſtandenem Kartoffelkochwaſſer, Eierſchalen und nicht zuletzt ab und zu ein wenig Hornſpäne ſollen Pflanzen drinnen und draußen auf dem Balkon ſchneller und kräftiger wachſen laſſen.

Für Drainage sorgen

Auf den Boden jedes Blumentopfes gehören Topfscherben, die den Wasserabzug regulieren und die nötige Belüftung der Wurzeln gewährleisten.

Gebrauchte Töpfe reinigen

Vor dem Umtopfen müssen Töpfe, die schon einmal in Gebrauch waren, gründlich gereinigt werden. Kalkränder kann man am besten mit Metallwolle oder Topfkratzer entfernen.

Größere Töpfe wählen

Topfen Sie eine Pflanze um, dann wählen Sie einen Topf, der mindestens eine Nummer größer ist als der zuvor verwendete.

Bitte nicht zu groß

Wählt man beim Umtopfen zu große Töpfe, dann kann es allerdings sein, daß die Pflanze lange weder Blätter noch Triebe entwickelt. Je kleiner der

Topf ist, desto schneller wächst die Pflanze nach dem Umtopfen.

Schöne glänzende Blätter

Sollen Ihre Pflanzen schöne glänzende Blätter haben, dann reiben Sie sie mit ein paar Tropfen Glyzerin auf einem weichen Tuch ab. Auch Wasser und Milch, fünfzig zu fünfzig gemischt, hat sich bewährt. Das alte Hausmittelchen Salatöl eignet sich keinesfalls, es verstopft die Poren.

Buschiges Wachstum

Wollen Sie, daß Ihr Gummibaum buschartig wächst, dann schneiden Sie den Mitteltrieb scharf ab und verschließen die Wunde mit Erde oder einem brennenden Streichholz, damit die Pflanze nicht ausblutet.

Omas Tip

Schädlinge vertreiben

Pflanzenschädlinge mögen keinen Schwefel. Stecken Sie deshalb einige Streichhölzer mit den Köpfen nach unten in die Blumentöpfe, oder streuen Sie Zigarettenasche auf die Erde, auch das hilft. Aber auch eine Knoblauchzehe, die man in den Topf setzt, vertreibt Ungeziefer. Wächst das Pflänzchen, dann muß es immer so klein gehalten werden, daß es die Topfpflanze nicht stört.

Keine Angst vor Regenwürmern

Regenwürmer mögen's nicht heiß. Sie kriechen nach oben und können entfernt werden, wenn man den Blumentopf kurz in etwa 35 Grad Celsius warmes Wasser stellt.

Haltbare Blumenkästen

Balkonkästen aus Holz sind länger haltbar, wenn man sie mit Leinöl streicht.

Unempfindlich gegen Hitze

Geranien, Pelargonien und Begonien vertragen sowohl Hitze als auch Regen. Sie lassen sich deshalb problemlos auf jedem Balkon halten.

Stecklinge mögen's feucht

Stecklinge in trockener Zimmerluft zu ziehen, ist nicht ganz einfach. Ihre Bewurzelung geht schneller vor sich, wenn man ein Einmachglas über den Topf stülpt. Den gleichen Zweck erfüllt eine dichte, durchsichtige Plastiktüte.

Kein rascher Temperaturwechsel

Neue Zimmerpflanzen, vor allem Azaleen, sollten nicht sofort an einen warmen oder sonnigen Platz gestellt werden, sondern sich an einem kühleren Ort der Wohnung erst akklimatisieren.

Immergrüne Pflanzen

Es müssen nicht unbedingt Geranien sein – Balkonkästen mit immergrünen Pflanzen, kleinen Koniferen vor allem, zwischen die man blühende einjährige Pflanzen setzt, sind genauso reizvoll.

Lebensfreude nur im Schatten

Ist Ihr Balkon fast den ganzen Tag der Sonne ausgesetzt, dann sollten Sie auf Fuchsien, Petunien, Fleißige Lieschen und Knollenbegonien verzichten.

Schnell eine grüne Wand

Knöterich und Prunkbohnen, aber auch Japanischer Hopfen und Trichterwinden empfehlen sich, wenn eine Balkon- oder Terrassenwand schnell begrünt werden soll.

Mit Farben spielen

In Balkonkästen soll zwar nicht wild durcheinander gepflanzt werden, aber kombinieren sollte man dennoch. Ganz besonders hübsch sind rote Geranien und gelbe Pantoffelblumen, rosafarbene Begonien und blaue Lobelien.

Üppiges Wachstum

Für üppiges Wachstum in den Balkonkästen sorgen zwei Eßlöffel Blumendünger und zwei Eßlöffel Hornspäne, die Sie auf je einen Eimer Blumenerde nehmen. Es muß regelmäßig nachgedüngt werden.

Unkraut schnell beseitigt

Wächst Unkraut zwischen den Steinplatten Ihrer Terrasse, können Sie das schnell und wirksam beseitigen, indem sie kochendheißes Wasser darüber gießen.

Miniaturteich ist reizvoll

Ohne viel Mühe läßt sich auch auf dem Balkon ein winziger Teich anlegen. Zwergseerosen gedeihen schon in einem kleinen Gefäß aus Holz oder aus Asbest-Zement, weil sie nur einen niedrigen Wasserstand über ihren Wurzeln benötigen.

Wohnungsputz

Keine Angst vor dem Großreine machen

Der Hausputz verliert einiges von seinem Schrekken, wenn man das jeweilige Tagespensum genau plant, alle Putzmittel besorgt und entweder vorgekocht hat oder sich mit Fertiggerichten aus dem Gefriergerät bedient.

Staub an Decken und Wänden

Staub an Decken und Wänden entfernt man, indem man beide mit Hilfe eines mit einem sauberen und trockenen Tuch umwickelten Besens abfegt.

Kein Auf und Ab mehr

Das lästige Auf und Ab auf der Haushaltsleiter ersparen Sie sich, wenn Sie eine Halterung für den Putzeimer anbringen. Ein altes Körbchen, das Sie ebenfalls an der Leiter befestigen, kann Putzmittel, Putzlappen oder Werkzeug aufnehmen.

Längere Lebensdauer

Gummihandschuhe halten länger, wenn man kleine Wattebäuschchen in die Fingerspitzen steckt; lange Fingernägel können so den Gummi nicht beschädigen.

Knetgummi hilft

Staub oder Ruß läßt sich von gekalkten Wänden entfernen, wenn man sie mit Knetgummi in einer Richtung abreibt.

Kleiderbügel tun's auch

Will man Heizkörper reinigen und hat kein Spezial-Reinigungsgerät zur Hand, dann kann man dafür einen Kleiderbügel nehmen, ihn mit einem Putzlappen umwickeln und damit Staub zwischen den Rippen entfernen.

Weg mit dem Fliegendreck

Fliegen hinterlassen vielerorts in der Wohnung unliebsame Spuren. Auf Glas rückt man dem Fliegendreck am besten mit Spiritus oder Salmiakgeist zu Leibe. Auf Goldrahmen und Ölbildern hilft Abreiben mit einer halbierten Zwiebel; bei Metall greift man wieder zu Spiritus; durch Fliegen verschmutztes Messing wird mit Benzin oder Essigwasser behandelt.

Besen müssen hängen

Besen dürfen niemals auf den Borsten stehend aufbewahrt werden. Man hängt sie in den Besenschrank.

Längere Haltbarkeit

Stellt man neue Besen vor Gebrauch einige Zeit in Salzwasser, erhöht das ihre Lebensdauer.

Salmiak stärkt

Sind Haare und Borsten an einem Besen weich geworden, kann man sie durch ein Wasserbad mit einem Schuß Salmiakgeist wieder stärken.

Über Wasserdampf

Sind die Borsten des Besens durch stehende Aufbewahrung umgeknickt oder zusammengedrückt, dann hilft Wasserdampf. Borsten einfach darüber halten, und sie richten sich wieder auf.

Saubere Besen

Besen sollten von Zeit zu Zeit in Schmierseifenlösung gewaschen werden. Danach die Borsten sehr gut spülen, hängend trocknen lassen und dann auskämmen.

Einen Mop reinigen

Der gute alte Mop, der dem Besen häufig vorzuziehen ist, weil er weniger Staub aufwirbelt, wird folgendermaßen entstaubt: Eine große Plastiktüte über den Mop binden und kräftig schütteln.

Auch Wasser darf sein

Zum Waschen des Mops nimmt man heiße Seifenlauge, der etwas Salmiak zugesetzt wird. Ist er sehr verschmutzt, weicht man den Mop zuvor in Bleichsoda ein.

Tip für den Staubsauger

Klemmt ein Staubsaugerrohr, übergießt man es mit heißem Wasser – es löst sich dann meist sehr schnell.

Ganz nebenbei desinfizieren

Nehmen Sie den Hausputz als Gelegenheit, die ganze Wohnung zu desinfizieren: Einfach handelsübliche Desinfektionsmittel oder einen Eßlöffel Terpentin in das Putzwasser tun.

Medikamente aussortieren

Wenn Sie Badezimmerschränkchen oder »Hausapotheke« gründlich säubern, sollten Sie daran denken, nicht mehr verwendbare Pflegemittel oder Medikamente mit überschrittenem Verfalldatum auszusortieren.

Praktische Schürze

Eine praktische Schürze speziell für den Hausputz kann man sich selbst »schneidern«. Man nimmt Plastikstoff und näht diesem eine sehr große und eine kleinere Tasche auf. In der großen Tasche sammelt man alles, was zum Wegwerfen bestimmt ist, in der kleineren sind Staubtuch oder -pinsel und Möbelpolitur griffbereit. Man erspart sich so manchen Weg.

Gefährliche Stolperfallen

Fußmatten vor der Wohnung, die sich an den Ecken aufbiegen, sind gefährliche Stolperfallen. Flicht man starken Blumendraht in die Ecken ein, liegen die Matten wieder glatt auf.

Statt der Wäsche

Gardinen müssen nicht so häufig gewaschen werden, wenn man sie von Zeit zu Zeit vorsichtig mit dem Staubsauger absaugt. Um die Gardinen zu schonen, kann man vor die Saugöffnung grobmaschigen Tüll oder ähnliches Material spannen.

Nicht bei Sonnenschein

Wer Fenster bei strahlendem Sonnenschein putzt, hat wenig Freude. Sie trocknen zu schnell und zeigen dann Streifen.

. . . und nicht bei Frost

Herrscht draußen Frost, sollte man Fenster nicht mit Wasser putzen. Man verwendet dann besser eines der im Handel erhältlichen Fensterreinigungsmittel.

Gardinen kommen zuletzt

Frisch gewaschene Gardinen werden beim Hausputz erst dann aufgehängt, wenn der Raum fertig geputzt ist.

Vielerlei Zusätze

Neben den käuflichen Fensterreinigungsmitteln gibt es eine ganze Reihe hergebrachter Zusätze zum Putzwasser. Zum Beispiel eine halbe Tasse Salmiakgeist, dieselbe Menge Essig und zwei Eßlöffel Stärke auf einen Eimer warmes Wasser; oder dem Wasser einen Schuß Spiritus beimischen.

Für kleine Flächen

Eine Schnellwäsche kleiner Fensterflächen kann man mit einem in Essig getränkten Tuch vornehmen.

Wie bei der Windschutzscheibe

Zum Trocknen der Fensterscheiben benutzt man heute zweckmäßigerweise einen breiten Gummischaber, wie man ihn auch für die Autoscheiben verwendet.

Omas Tip

Spiritus zusetzen

Fensterscheiben trocknen schneller, wenn man warmem Wasser beim Putzen Brennspiritus zusetzt (zwei Eßlöffel pro Eimer).

Kein Beschlagen mehr

Fensterscheiben beschlagen nicht, wenn man die Innenfläche mit einer Flüssigkeit abreibt, die aus 25 Gramm Glyzerin und soviel 60prozentigem Spiritus gemischt wird, bis eine klare Mischung entsteht. Aber auch ein Klarsichttuch aus der Tankstelle hilft: einfach nach dem Putzen damit leicht über die Scheiben gehen.

Gegen Frost geschützt

Eisblumen erscheinen bei starkem Frost nicht mehr auf den Fenstern, wenn man dem Putzwasser Frostschutzmittel oder eine halbe Tasse Spiritus zugibt.

Sonderbehandlung für Milchglas

Milchglasfenster werden am schönsten, wenn man sie mit heißem Essigwasser säubert und dann gut trockenreibt.

Ungefährliche Methode

Hochgelegene Fenster und Oberlichter lassen sich gefahrlos reinigen, wenn man einen Schrubber oder einen Besen mit Lappen oder Fensterleder umwickelt und damit die Scheibe putzt.

Staub haftet nicht

Staub haftet nicht so leicht auf Fensterscheiben, wenn man dem Putzwasser einige Tropfen Glyzerin zugesetzt hat.

Omas Tip

Hilfreiche Kupfermünzen

Farbspritzer auf Glasscheiben lassen sich problemlos mit Kupferpfennigen abreiben. Eine Rasierklinge erfüllt denselben Zweck.

Keine harten Fensterleder

Fensterleder bleiben weich, wenn man sie nach der Benutzung in lauwarmem Salzwasser wäscht. Ist das Leder schon hart geworden, muß man es etwa eine Stunde in einer schwachen Salmiakgeistlösung einweichen und gut durchwalken.

Zeitweise undurchsichtig

Wer Glasscheiben an einer Tür gern undurchsichtig möchte, kann das im Handumdrehen haben: Einfach ein halbes Pfund Salz in einem Viertelliter Weißbier auflösen und auf die Scheibe auftragen. Der Belag läßt sich übrigens problemlos wieder abwaschen.

Keine lästigen Fliegen

Reibt man Spiegel und Fenster mit Essig ab, so hält das die Glasflächen fliegenfrei.

Fensterrahmen nicht vergessen

Fensterrahmen müssen von Zeit zu Zeit mit einer milden Seifenlauge oder Feinwaschmittel gereinigt werden. Kein Scheuermittel verwenden!

Mit Silberpolitur

Fensterrahmen aus Aluminium mögen die Pflege mit Silberpolitur.

Spiritus fürs Telefon

Spiritus ist auch ein Schönheitsmittelchen für verschmutzte Telefone. Einfach abreiben, und der alte Glanz ist wieder da.

Flecken auf Rollos

Haben Rollos Flecken bekommen, kann man diese mit einem weichen Radiergummi entfernen.

Jalousetten einfach reinigen

Hat sich auf den Lamellen Ihrer Jalousetten Staub abgesetzt, nehmen Sie einfach einen Teigschaber aus Gummi und umwickeln ihn mit einem spiritusgetränkten Tuch. Damit können Sie problemlos zwischen den Lamellen saubermachen.

Auch der Bildschirm braucht Pflege

Der Bildschirm des Fernsehgeräts läßt sich mit einem Klarsichttuch oder mit Spiritus reinigen. Auch ein antistatisches Tuch eignet sich zum Entstauben.

Spieglein an der Wand

Spiegel sollen stets klar sein. Wer sich nicht zu einem Spezialreinigungsmittel entschließt, der kann Wasser mit einem Schuß Spiritus oder Salmiakgeist verwenden. Bei Fettfilm auf dem Spiegel leistet eine in Spiritus getauchte halbe Zwiebel beste Dienste.

Omas Tip

Blinde Spiegel

Ist ein Spiegel blind geworden, behandelt man ihn mit einem essiggetränkten Tuch und poliert danach mit Wäscheblau.

Hausmittel für Klaviertasten

Klaviertasten werden wieder schön, wenn man sie mit Zahnpasta auf einem gut feuchten Tuch abreibt. Danach trockenwischen und mit einem weichen Lappen polieren.

Das häßliche Gelb verschwindet

Klaviertasten, die gelb geworden sind, lassen sich mit sehr stark verdünntem Wasserstoffsuperoxyd wieder aufhellen.

Wachs einfach entfernt

Kerzenleuchter aus Silber oder anderem Metall lassen sich problemlos von Wachstropfen befreien, wenn man sie eine gute Stunde ins Gefrierfach legt.

Fliesen in Bad und Küche

Für die Reinigung von Fliesen gibt es verschiedene Methoden. Man reibt sie mit einem Spirituslappen, mit verdünntem Schwimmbadreiniger, mit sehr stark verdünnter Salzsäure (Handschuhe benutzen!) oder mit einer schwachen Salmiakgeistlösung ab. Bei wenig verschmutzten Fliesen genügt warmes Wasser mit einem handelsüblichen Spülmittel.

Fugen auffrischen

Sind die Fugen zwischen den Fliesen unansehnlich geworden, dann reiben Sie die ganze Fliesenfläche mit Schlämmkreide ab. Die Fugen werden wieder weiß.

Schöner Glanz

Fliesen bekommen nach der Reinigung wieder schönen Glanz, wenn man sie mit wenig Leinöl oder Selbstglanzwachs einreibt. Bei Bodenfliesen wegen der Rutschgefahr vorsichtig sein!

Omas Tip

Mit Buttermilch

Sie haben über Jahre eine saubere und glänzende Badewanne, wenn Sie sie nur flüssig reinigen, und zwar mit Buttermilch, Essig und Salz.

Flecke auf dem Küchentisch

Hat der Küchentisch Flecke bekommen, so sollten Sie diese mit der Innenseite von Zitronenschalen wegreiben, nicht mit Benzin oder Terpentin.

Kampf dem Kesselstein

Die Bildung von Kesselstein läßt sich vermeiden, wenn man ein Stückchen Marmor oder ein paar gut gereinigte Kieselsteine auf den Boden des Wasserkessels legt.

Kesselstein entfernen

Hat sich in Metallkesseln bereits Kesselstein gebildet, muß man das Gefäß mit Essig auskochen. Auch rohe Kartoffelschalen, die man ausgiebig mit wenig Wasser kochen läßt, helfen.

Ausguß verstopft

Ist der Ausguß in Küche, Bad oder Toilette verstopft, kann man oft selbst Abhilfe schaffen. Man löst ein Pfund Seifenstein in zwei Liter kochendem Wasser auf und gießt die Lauge in den Abfluß. In wenigen Stunden frißt sich die Lauge durch den Schmutz. Nicht vergessen: mit heißer Sodalösung und reichlich kaltem Wasser nachspülen.

Omas Tip

Silberblankes Aluminium

Töpfe aus Aluminium erhalten ihren Glanz zurück, wenn man Rhabarber darin kocht. Auch Kartoffelschalen erfüllen diesen Zweck.

Gerüche vertreiben

Muffige Gerüche im Kühlschrank, aber auch im Brotkasten und in anderen Küchenmöbeln verschwinden, wenn man sie mit einer schwachen Sodalösung oder mit Essigwasser auswischt. Anschließend gut durchlüften.

Soda in den Ausguß

Schlechten Geruch, der aus dem Ausguß kommt, können Sie beseitigen, indem Sie ein Stück Soda in den Ausguß legen und es mit heißem Wasser übergießen.

Für saubere Pfannen

Pfannen werden sauber und geruchlos, wenn man in ihnen Salz so lange erhitzt, bis es braun wird. Danach mit einer Zeitung ausreiben.

Keine lästigen Gerüche

Übermangansaures Kali oder Desinfektionsmittel in Wasser gelöst sind ein gutes Mittel gegen lästige Gerüche aus dem Mülleimer. Einfach ausschwenken!

Rauchflecken müssen nicht sein

Über Gasherden und Durchlauferhitzern entstehen oft dunkle Flecke. Man kann sie entfernen, indem man einen festen Brei aus Stärke und Wasser aufträgt. Ist der Brei richtig trocken, wird mit weicher Bürste abgebürstet.

Keinesfalls scheuern

Haben Marmorplatten Flecke abbekommen, so dürfen diese keinesfalls mit Scheuermitteln entfernt werden. Einfach mit Zitronensaft abreiben, und die Flecken sind weg. Dasselbe gilt für Mosaikfußböden.

Gerüche, die häufig entstehen, wenn man einen Boden feucht aufgewischt hat, werden vermieden, wenn man einen Schuß Terpentin ins Wasser gibt.

Kein Aufwischgeruch

Durch tropfende Wasserhähne verursachte gelbe Flecken in Badewannen und Waschbecken kann man durch einige Tropfen Zitronensaft zum Verschwinden bringen.

Keine gelben Flecken

Bei stark verschmutzten Eimern versagen mitunter die üblichen Reinigungsmittel. Reines Terpentin wirkt da oft Wunder.

Verschmutzte Eimer

Klebriger Schmutzfilm auf Dunstabzugshauben in der Küche läßt sich nicht vermeiden. Man rückt ihm mit in Spiritus getränktem Küchenkreppapier oder mit einer Lösung aus Wasser, Maschinen-Geschirrspülmittel und Glanzspüler zu Leibe.

Gegen den Schmutzfilm

Der von den Küchendünsten verursachte Schmutzfilm macht sich besonders auf Küchenschränken breit. Sind diese so hoch, daß man nicht hinaufsehen kann, empfiehlt sich das Abdecken mit Zeitungen, die regelmäßig erneuert werden, wenn sie den Schmutz aufgenommen haben.

Zeitungen leisten gute Dienste

Spültücher und Wischlappen, die in der Küche gebraucht werden, kann man von Zeit zu Zeit im Besteckkorb des Geschirrspülers mit »durchlaufen« lassen.

Reinigung von Küchenlappen

Der alte Mülleimer wird wieder appetitlich sauber, wenn man ihn mit Chlorbleichlauge behandelt; kurz einwirken lassen, gründlich durchspülen und trocknen lassen.

Nützliche Chlorbleichlauge

Aufkleber oder deren Reste an Kacheln und Fliesen sind ärgerlich. Geben Sie Reinigungsbenzin auf einen Lappen, weichen Sie die Kleberreste damit ein, und das Ärgernis läßt sich bequem abkratzen.

Hartnäckige Aufkleberreste

Hat der Duschvorhang Stockflecken bekommen, kann man diese mit Natron entfernen. Oder man reibt den Vorhang nach dem Waschen in der Waschmaschine (30 Grad!) mit Zitronensaft oder Essig ab.

Stockflecken an Duschvorhängen

Kalkflecken rasch entfernen
Kalkflecken an Wannen und Becken lassen sich mit einem essiggetränkten Lappen rasch entfernen.

Guter Rostentferner
Weisen Badewannen und Waschbecken Rostflecken auf, rührt man eine Paste aus Borax und Essig an und reibt damit die Flecken weg.

Saubere Zahnputzgläser
Zahnputzgläser haben keinen weißen Belag, wenn man sie alle paar Tage mit warmer Kochsalzlösung auswäscht. Man kann sie auch im Geschirrspüler mitwaschen.

Schneller gereinigt
Läßt man die Dusche vor dem Saubermachen von Wanne und Fliesen kurze Zeit sehr heiß laufen, löst der Dampf den oberflächlichen Schmutz. Sie haben es dann mit dem Wischen leichter.

Schwämme niemals kochen
Naturschwämme dürfen niemals gekocht werden. Mehrmals in reichlich Wasser ausdrücken, bei starker Verschmutzung in warmem Wasser mit Abwaschmittel waschen und gründlich spülen.

Glänzende Armaturen
Glänzende Armaturen in Bad und Küche erhält man, wenn man sie mit Petroleum abreibt. Man kann auch Zitronensaft nehmen. Danach kräftig polieren.

Keine verstopften Duschen
Unangenehm, wenn der Brausevorsatz der Dusche verstopft ist! Handelt es sich um einen Metallkopf, dann eine Viertelstunde in einem Bad aus gleichen Teilen Wasser und Essig kochen, ist er aus Kunststoff, dann über Nacht in einem entsprechenden Essigbad ziehen lassen.

Nippes aus Porzellan
Porzellanfigürchen, vor allem alte, bemalte, dürfen niemals mit Sodawasser gereinigt werden. Man nimmt warmes Wasser mit einem Teelöffel Borax oder ein handelsübliches Spülmittel. Verzierungen reinigt man mit einer weichen Zahnbürste. Noch feucht mit Spiritus oder Alkohol einreiben.

Lampenschirme aus Pergament reinigen
Niemals sollte man Pergamentschirme mit chemischen Mitteln reinigen, weil dabei Ränder entstehen, die sich kaum oder gar nicht entfernen lassen. Vorsichtiges Abwaschen mit einer Lauge aus Fein-

waschpulver oder Wasser, dem man etwas Geschirrspülmittel zusetzt, tut's auch.

Benzin für Seide

Lampenschirme aus reiner Seide bürstet man am besten im Freien strichweise mit Benzin ab. Vorsicht, feuergefährlich!

So verschwinden kleine Löcher

Kleine Nagellöcher in der Wand verschwinden, wenn man Streichholzstückchen oder Schnipsel von Papiertaschentüchern hineinsteckt und mit entsprechender Wasserfarbe leicht überpinselt.

Wieder glänzendes Silber

Silber, das schwarz angelaufen ist, läßt sich auf vielerlei Art wieder zum Glänzen bringen. Man kann es mit einem in Salmiakgeist getauchten Lappen abreiben oder mit flüssigem Terpentin reinigen und dann mit pulverisierter Kreide blank reiben. Man kann aber auch Alufolie in eine Schüssel legen, das Silber darauf geben und einen Liter kochendes Wasser mit einem Eßlöffel Salz darübergeben. Selbstverständlich tut's auch ein handelsübliches Silberputzmittel.

Omas Tip

Essig und Salz

Gefäße und Gegenstände aus Kupfer oder Messing werden wieder wie neu, wenn man Salz und Essig kurze Zeit auf sie einwirken läßt. Danach gründlich abspülen und polieren. Übergießt man Kupfer und Messing mit Bier und läßt es an der Sonne trocknen, dann läuft es nicht mehr so schnell an.

Immer schönes Silberporzellan

Silberporzellan läuft nicht an – man steckt es in luftdichte Plastikbeutel, und zwar unmittelbar nach Gebrauch.

Lackiertes ist empfindlich

Weißlackierte Türen, Türrahmen und Fensterbretter vertragen kein zu häufiges Abwaschen. Es ist besser, eine dünne Schicht Bohnerwachs aufzutragen. Flecken lassen sich auf dieser Schutzschicht leicht abreiben.

Kein Anlaufen mehr

Silberbesteck, das über längere Zeit nicht gebraucht wird, läuft nicht an, wenn man es sehr dünn mit Glyzerin einreibt. Danach packt man Stück für Stück in Seidenpapier und wickelt alles zusammen in Alufolie.

Omas Tip

Zahnpasta hilft

Lästige Flecken und vor allem Fingerabdrücke auf gestrichenen Türen lassen sich mühelos entfernen, wenn man die Türen mit einem weichen Tuch abreibt, auf das Zahnpasta gegeben wurde. Der Anstrich leidet bei diesem Verfahren nicht.

Keine Fingerabdrükke mehr

Fingerabdrücke auf Türen oder auf Möbeln lassen sich aus einer Mischung aus zwei Teilen Öl und einem Teil Terpentin mühelos abreiben.

Zinn muß glänzen

Schönes Zinn ist auch heute noch der Stolz jeder Hausfrau. Man hält es schimmernd, wenn man es mit Kohlblättern, mit Zinnkraut oder mit einer Paste aus Wasser und Holzasche abreibt.

Mit Weißbrotkrumen

Krumen von sehr frischem Weißbrot eignen sich vorzüglich zur Reinigung von Ölgemälden. Auch mit der Schnittfläche einer rohen Kartoffel kann man Ölbilder säubern. Danach mit feuchtem Lappen nachwischen und trocknen lassen.

Salz wirkt Wunder

Körbe, aber auch Möbel aus Bambus werden wieder schön, wenn man sie mit Salzwasser reinigt (ein bis zwei Eßlöffel Salz auf zehn Liter Wasser).

Lästiger Zigarettenrauch

Vier Schüsseln mit Essig in die Ecken des Zimmers zu stellen, in dem geraucht wird, ist eine wirksame

Hilfe. Man kann aber auch ein feuchtes Handtuch wie einen Ventilator durch das Zimmer wirbeln und damit den Rauch vertreiben.

Gefahrlos und ohne Kletterpartie können Sie Ihre Deckenlampen reinigen: Sie umwickeln Ihren Mop mit einem in Spiritus getränkten Tuch.

Deckenlampen bequem reinigen

Am wirkungsvollsten werden Bücher entstaubt, wenn man sie am offenen Fenster oder auf dem Balkon mehrmals kräftig auf- und zuklappt.

Verstaubte Bücher

Nicht mehr stumpf und blind werden Namensschilder aus Messing oder Aluminium, wenn man sie gleich nach dem Reinigen mit Zaponlack bepinselt. Das gilt übrigens auch für andere Messinggegenstände.

Keine stumpfen Namensschilder mehr

Hausmief wird man los, wenn man kleine Leinen- oder Baumwolltücher mit Fichtennadelöl beträufelt und diskret im Raum versteckt.

Mief vertreiben

Auch Sonnenschirme können »gewaschen« werden. Man braucht nur den geöffneten Schirm in den Regen zu stellen und mit wenigen Eßlöffeln Feinwaschmittel zu bestreuen. Die Wäsche besorgt der Regen ganz allein.

Mehr Spaß am Sonnenschirm

Ihren Sonnenschirm können Sie nach Reinigung oder Wäsche selbst imprägnieren, indem Sie ihn mit Wasser behandeln, dem ein Viertel der Gesamtmenge essigsaure Tonerde zugesetzt wird.

Selbst imprägnieren

Mit Schaumspray behandeln Schaumspray, das man für Teppichböden und Möbelpolster verwendet, leistet auch bei schmutzigen Sonnenschirmen gute Dienste. Einfach einsprühen, einziehen lassen und dann kräftig ausbürsten.

Keller nicht vergessen Treibt Sie die Putzwut bis in den Keller, dann sollten Sie dort nicht nur die Fenster und den Fußboden reinigen, sondern auch die Kellerecken mit Schädlingsbekämpfungsmitteln besprühen.

Ölflecke auf dem Garagenboden Ölflecke in der Garage sind keinesfalls erfreulich, lassen sich aber nicht immer verhindern. Kleine Flecke kann man mit einer feuchten Zeitung, die fest auf den Boden gedrückt wird und dann trocknen muß, entfernen. Auch Sand und Katzenstreu nehmen das Öl auf und können dann weggekehrt werden.

Möbelpflege

Tägliches Staubwischen gehört zur Möbelpflege. Damit die Möbel geschont werden, muß das Staubtuch stets sehr weich und sauber sein.

Ohne Abstauben geht's nicht

Wenn man das Staubtuch mit Möbelpolitur oder Möbelspray befeuchtet, das Mittel einwirken läßt und später nachpoliert, kommt es nicht zu aufgewirbeltem Staub. Es gibt auch spezielle antistatische Tücher zu kaufen.

Kein Staubaufwirbeln mehr

Speiseöl – am besten Olivenöl – mit ein wenig Salz vermischt, ergibt eine gute Politur. Auch Essig und Öl eignen sich zur Möbelpflege.

Politur selbstgemacht

Man besorgt sich in der Drogerie Leinölfirnis und Terpentin. Essig, Leinölfirnis und Terpentin zu gleichen Teilen mischen und gut schütteln: fertig ist die Politur, die mit einem weichen Lappen aufgetragen wird.

Ein anderes Rezept

Gekaufte Möbelpolitur wirkt noch besser, wenn man ihr wenige Tropfen Essig zugibt.

Essig muß dran

An lackierte Möbel darf man niemals mit Benzin, Terpentin, Soda und Seifenwasser oder mit Scheuerpulver gehen; man nimmt statt dessen Wasser mit einem Spülmittel. Bei weißen Lackmöbeln kann man ein wenig Wasserstoffsuperoxyd beigeben.

Lackiertes braucht besondere Pflege

Wischstreifen auf hochglanzpolierten Möbeln müssen nicht sein. Einfach etwas Talkumpuder auf das Tuch tun und damit nachreiben.

Hochpoliertes wird wieder schön

Kleine blind gewordene Stellen auf Möbelstücken haucht man an und poliert mit weichem Lappen nach.

Ein Hauch genügt

Gebeiztes verträgt Terpentin

Sind gebeizte Möbel stark verschmutzt, so kann man sie vorsichtig mit Terpentin abreiben.

Omas Tip

Schöne alte Eichenmöbel

Ein abgenutztes altes Möbelstück aus Eiche kann man selbst auffrischen: Man kocht ein hühnereigroßes Stück farbloses Wachs zusammen mit ein bis zwei Eßlöffeln Zucker auf, streicht die Paste mit einem Pinsel auf das Eichenholz, läßt sie gut trocknen und reibt dann mit einem weichen Tuch gut nach. Hat das gute Stück häßliche Flecken, kann man diese entfernen, indem man die ganze Fläche mit feinem Glaspapier abschmirgelt und dann mit Terpentin abreibt. Anschließend muß gewachst werden.

Rohes Holz reinigen

Hat man Möbel aus rohem Holz, empfiehlt sich folgende Methode zur Reinigung: Erst mit Soda- oder Seifenwasser gründlich abbürsten, dann mit Seifensand scheuern und schließlich mit Wasser gut abspülen. Damit sie weder faulen noch spröde werden, sollte man sie, wenn sie völlig trocken sind, mit abgekochtem Leinöl tränken.

Teak und Palisander

Teakholz und Palisander bleiben schön, wenn man sie nach gründlichem Abstauben – am besten mit einem antistatischen Tuch – gelegentlich mit Teaköl einölt. Dabei aber sparsam mit dem Teaköl umgehen.

Schnörkel und Schnitzereien

Schnörkel und Schnitzereien an Möbeln sind oft arge Staubfänger, und dem Staub ist gar nicht so leicht beizukommen. Versuchen Sie es doch mal mit einer ausgedienten weichen Zahnbürste. Ihre Borsten erreichen auch versteckte Stellen.

Balkonmöbel nicht vergessen

Balkonmöbel aus Bambus wäscht man am einfachsten mit warmem Wasser, läßt sie trocknen und reibt sie dann mit einer Mixtur ein, die aus jeweils der gleichen Menge Leinöl und Terpentin besteht. Auch Salzwasser eignet sich als Reinigungsbad für Bambusmöbel.

Omas Tip

Milch für Nußbaum

Nußbaummöbel bleiben schön, wenn man sie nach dem Staubwischen mit frischer Milch einreibt. Anschließend gut nachreiben.

Wasserflecken

Wie häßlich sind doch Wasserflecken oder -ringe auf Tisch und Anrichte. Sie zu entfernen, gibt es mehrere Methoden. Man kann es mit Zahnpasta versuchen oder mit einer Mischung aus Butter bzw. Mayonnaise und Zigarettenasche, die mit einem feuchten Tuch eingerieben wird. Bei polierten Möbeln hilft Einreiben mit Petroleum.

Nur nicht kratzen

Kleben Papierreste auf dem Holz, diese keinesfalls mit einem Messer oder anderen scharfen Gegenständen abkratzen. Ein wenig Öl auf das Papier träufeln, kurz einwirken lassen und dann mit einem weichen Lappen abreiben. Gegebenenfalls die Prozedur wiederholen.

Hilfreicher Haarfön

Ist Kerzenwachs auf die schöne Tischplatte getropft, so verbietet sich Abkratzen – auch mit dem Fingernagel. Blasen Sie die Wachstropfen mit dem Haarfön an, bis sie weich sind. Sie lassen sich dann leicht mit Papiertaschentüchern entfernen. Anschließend mit Essigwasser nachwischen und dann polieren.

Zahnpasta und Zitrone

Tischplatten aus Glas reinigt man, indem man sie mit Zitronensaft einreibt. Mit Küchenkrepp trokken- und mit Zeitungspapier glänzend polieren. Winzige Kratzer lassen sich mit Zahnpasta wegreiben.

Kratzer ausbessern Kleine Kratzer auf Nußbaumholz verschwinden, wenn man sie mit der Bruchstelle halbierter Walnußkerne einreibt. Bei rotem Mahagoni können winzige Kratzer mit Jodtinktur vertuscht werden.

Omas Tip

Polierte Möbel auffrischen

Polierte Möbel lassen sich mit einem Brei aus Kartoffelmehl und Öl auffrischen. Nachpoliert wird mit einem trockenen Wolltuch.

Gegen matte Kunststoffoberflächen Was Ihrem Auto gut tut, schadet auch matt gewordenen Kunststoffoberflächen nicht. Autowachs gibt ihnen ihren Glanz zurück.

Kampf dem Rost Entdecken Sie an Stahlmöbeln kleine Roststellen, dann gehen Sie dagegen kräftig mit Terpentin vor. Am besten abbürsten.

Regelmäßig saugen Polstermöbel pflegt man am besten, wenn man sie regelmäßig mit einer weichen Bürste absaugt.

Straffung für Stühle Durchhängendes Rohrgeflecht bei Stühlen strafft sich wieder, wenn man heißes Wasser darüber gießt und das Geflecht an der Sonne trocknen läßt. Damit es nicht spröde wird, streicht man es mit Zedern- oder Zitronenöl an.

Lederpolster reinigt man mit einem feuchten Tuch. Damit das Leder nicht brüchig wird, reibt man es mit einer Mischung aus Essig und Leinölfirnis im Verhältnis eins zu zwei ein.

Leder mag es feucht

Rohe, lauwarme Milch mit Zitronenscheiben ist ein bewährtes »Wässerchen«, um Leder aufzufrischen. Nach der Anwendung gut trockenreiben und später mit Leinöl sparsam einreiben.

Leder auffrischen

Werden Polstermöbel geklopft, so legt man zuvor ein mit Essig befeuchtetes Tuch auf. Zum einen wird weniger Staub aufgewirbelt, zum anderen werden die Farben aufgefrischt.

Polster klopfen

Plüschbezüge reibt man mit einem Leinentuch ab, das mit Salmiakwasser getränkt ist. Später mit klarem Wasser nachreiben. Nur grüner Plüsch darf nicht mit Salmiak behandelt werden, man nimmt statt dessen unverdünnten Essig.

Plüsch verträgt Salmiak

Kunststoffpolster vertragen im Gegensatz zu Leder keinerlei Fett. Man reinigt sie mit einem feuchten Tuch mit Natron oder Essig. Für die Nachbehandlung eignet sich Spülmittel.

Bitte kein Fett

Angeschmutzte Möbelbezüge werden durch die Anwendung eines Trockenschaumreinigers wieder schön.

Möbelbezüge reinigen

Reinigungsschaum kann man auch selbst herstellen: Man gibt eine halbe Tasse mildes Waschpulver auf zwei Tassen kochendes Wasser. Gut durchrühren und abkühlen lassen bis zum Gelieren. Dann mit dem Schneebesen zu steifem Schaum schlagen.

Reinigungsschaum selbst zubereiten

Schmutzstellen auf Möbelbezügen aus Baumwolle oder Leinen lassen sich mit einem weichen Radiergummi aus Kunststoff entfernen.

Einfach radieren

Hat es auf Plüschmöbeln doch Druckstellen gegeben, entfernt man sie folgendermaßen: Ein nasses Tuch längere Zeit auf die Stelle legen, dann mit dem Haarfön die niedergedrückten Stellen hochblasen. Die Plüschhärchen richten sich aber auch wieder auf, wenn man die Stellen befeuchtet, meh-

Druckstellen entfernen

rere Bogen weißes Schreibmaschinenpapier darüberlegt und trockenbügelt.

Plüsch nicht klopfen

Plüschpolster dürfen nicht geklopft werden, es könnten sonst unschöne Druckstellen entstehen. Statt dessen regelmäßig abbürsten.

Umgang mit Korbmöbeln

Möbel aus Weidengeflecht vergilben weniger, wenn man sie mit warmem Salzwasser abwäscht. Damit sie nicht austrocknen, muß man sie hin und wieder mit Zitronenöl einreiben.

Feuchtigkeit darf nicht fehlen

Weiden lieben Wasser – im Winter deshalb bei Möbeln aus Weidengeflecht für feuchte Luft, eventuell durch Luftbefeuchter, sorgen.

Saubere Sprungfedern

Auch Sprungfedern von Polstermöbeln sollten gelegentlich gereinigt werden. Man braucht beim Klopfen der Polstermöbel nur einen terpentingetränkten Papierballen zwischen die Sprungfedern zu stecken. Später das Entfernen nicht vergessen!

Ein Schuß Essig

Kann man Möbelbezüge selbst waschen, dann empfiehlt es sich, dem Spülwasser einen Schuß Essig zuzugeben: Das frischt die Farben auf.

Flecken beseitigen

Sind Fett- oder Ölflecken auf die Polsterbezüge gekommen, sofort Salz darauf streuen. Man kann aber auch Stärkemehl oder Talkumpuder nehmen. Nach dem Einwirken gut abbürsten.

Stärkebrei bei Blutflecken

Blutflecken auf Polsterbezügen entfernt man mit einem Brei aus Stärkemehl und kaltem Wasser. Einreiben und möglichst an der Sonne trocknen lassen. Dann gut abbürsten.

Mit heißem Kartoffelwasser

Gobelinbezogene Sitzmöbel kann man selbst reinigen, indem man die Bezüge mit einem Wattebausch und heißem Kartoffelwasser behutsam abreibt. Wenn die Bezüge ganz trocken sind, bürstet man sie mit einer weichen Bürste ab.

Teppich- und Fußbodenpflege

Ein Teppich läßt sich auffrischen, wenn man ihn mit heißem Wasser, dem ein Schuß Terpentin zugesetzt wurde, Strich für Strich abbürstet. Man kann auch Salz- oder Essigwasser verwenden – aber immer sparsam mit dem Wasser umgehen.

Strich für Strich bürsten

Hat man für die Entfernung eines Flecks auf dem Teppich keinen Trockenschaumreiniger zur Hand, kann man es auch mit Rasierschaum versuchen. Danach mit Wasser auswaschen.

Zur Not Rasierkrem

Wer eine Teppichstange zur Verfügung hat, sollte daran denken, daß Teppiche auf der Unterseite geklopft werden.

Nur links klopfen

Wollteppiche dürfen nur nach dem Strich gebürstet werden, dasselbe gilt für Boucléteppiche; Plüschteppiche hingegen werden der Länge und der Breite nach gebürstet.

Nur nach dem Strich

Ist etwas auf den Teppich verschüttet worden, sollte man die Flüssigkeit sofort mit Küchenkrepp oder sauberen Frottiertüchern aufsaugen. Oft entsteht dann erst gar kein Fleck.

Schnell aufsaugen

Fleckentferner sollte man bei Teppichen und Teppichböden erst anwenden, wenn der Teppich trokken ist.

Erst trocknen lassen

Frische Flecken können Sie auch mit Mineralwasser behandeln. Einfach ein wenig auf den Fleck schütten, kurz einwirken lassen. Am besten mit einem Schwamm abtupfen.

Mineralwasser hilft

Hat man Ihnen von draußen Schmutz mitgebracht und feuchte Flecke auf dem Teppich oder Teppich-

Salz und Saugen

boden hinterlassen – einfach Salz daraufstreuen, eine Viertelstunde einziehen lassen und absaugen.

Auch Teer geht weg

Teerflecke auf dem Teppich lassen sich so beseitigen: Erst Terpentin auf den Fleck auftragen und dann mit Benzol entfernen.

Omas Tip

Wieder wie neu

Schnee ist ein altbewährtes Verjüngungsmittel für Teppiche. Den Teppich mit der Oberseite auf den Schnee (wenn möglich Pulverschnee!) legen und klopfen. Der Schnee nimmt den Schmutz auf, und die Farben Ihres Teppichs leuchten wie neu.

Kaugummi im Teppich

Hat jemand Kaugummi in den Teppich getreten – auch kein Malheur. Drücken Sie Eiswürfel so lange auf den Kaugummi, bis dieser brüchig wird und entfernt werden kann. Reste mit Fleckenwasser beseitigen.

Eine originelle Methode

Wer seine Teppichböden nicht mit Trockenschaum reinigen will, kann es auch so versuchen: Sägemehl mit Waschbenzin tränken und auf den Teppich streuen. Gut einbürsten und danach absaugen oder auch klopfen. Bei Bedarf muß diese Prozedur, die aber wirklich feuergefährlich ist, wiederholt werden.

Feuchtigkeit tut not

Sie erhalten einen antistatischen Teppichboden, wenn Sie Luftbefeuchter im Raum aufstellen, weil sich synthetische Teppichböden nur aufladen, wenn die Luft trocken ist. Man kann den Boden aber auch regelmäßig mit einer Blumenspritze besprühen.

Tierhaare entfernen

Haare von Hunden oder Katzen entfernt man von Teppichen, indem man mit einem mit Spiritus befeuchteten Schwämmchen darüber geht.

Kleine Brücken werden sauber, wenn man sie nach gründlichem Klopfen über kurzgemähten, feuchten Rasen zieht.

Über den Rasen ziehen

Kokosläufer muß man von Zeit zu Zeit mit Sodawasser abbürsten. Sie halten übrigens länger, wenn man sie gelegentlich mit einem Wäschesprenger befeuchtet. Dasselbe gilt für Matten aus Maisstroh und ähnlichen Naturfasern.

Kokos braucht Sodawasser

Brücken, Bettvorleger oder Fußmatten dürfen nicht rutschen. Wer sich eine käufliche Unterlage sparen will, kann auch an allen vier Ecken alte Einmachringe unter die Brücke kleben.

Kein Rutschen mehr

Zu starke Druckstellen durch Möbel lassen sich vermeiden, wenn man den Teppich öfter umlegt. Dadurch wird er zudem gleichmäßiger abgenutzt.

Druckstellen vermeiden

Haben Möbel auf dem Teppich schon Druckstellen verursacht, kann man diese beseitigen, indem man ein feuchtes Tuch auf die Druckstelle legt und das heiße Bügeleisen kurz daraufstellt. Danach den Flor schnell aufbürsten.

Mit dem Bügeleisen

Falten im Teppich sind gefährliche Stolperfallen. Sie verschwinden, wenn man sie auf der Rückseite mit Wasser befeuchtet. Eine Stunde warten und dann von der Rückseite bügeln.

Gefährliche Falten

Schalldämpfender Trick Wenn Sie Ihren Teppich mit Schaumgummi unterlegen, haben Sie nicht nur eine bessere Schalldämpfung, Ihr Teppich wird zudem wärmender und weicher.

Immer schöne Fransen Sie müssen nicht unbedingt in die Knie gehen, um schöne Teppichfransen zu bekommen. Man kann sie auch mit einem Perlonschrubber glattstreichen, zumal zu häufige »Behandlung« mit Metallkämmen den Fransen nicht gut tut.

Mit Klebestreifen Wer Teppichfransen nicht kämmen mag, kann einen durchsichtigen Klebestreifen von unten anbringen – die Fransen bleiben lange glatt.

Eselsohren müssen nicht sein Eselsohren, also hochstehende Ecken an Teppichen, müssen nicht sein, genausowenig gerollte Kanten. Man bestreicht die betreffenden Stellen links mit Tischlerleim und beschwert mit Büchern. Der Teppich liegt nach dem Trocknen wieder flach auf.

Motten im Teppich Ist der Teppich durch Motten gefährdet, kann man ihn mit einem Insektenvernichtungsmittel besprühen oder bei der Reinigung eulanisieren lassen. Eine ganz einfache Methode: Man unterlegt den Teppich mit Zeitungen, das mögen Motten nicht.

Längere Lagerung Will man Teppiche oder Brücken längere Zeit lagern, sollte man sie zuerst gründlich absaugen, mit Seidenpapier belegen, Mottenschutzmittel dazugeben, rollen und in Zeitungspapier einschlagen. Auf keinen Fall in Plastiksäcke verpacken, weil der Teppich dann keine Luft bekommt.

Bürsten anfeuchten Ihre Kehrmaschine nimmt vor allem Fäden, Fusseln und Tierhaare wesentlich besser auf, wenn Sie ihre Bürsten vor Gebrauch anfeuchten.

Mit geseifter Stahlwolle Versagen auch die teuersten Mittel bei der Reinigung Ihres PVC-Bodens, dann versuchen Sie es doch einmal mit geseifter Stahlwolle.

Bequemer spänen Haben Sie einen Parkettboden, der noch gespänt werden muß, legen Sie sich ein Kissen aus Schaumstoff unter die Knie – das erleichtert die Arbeit.

Urinflecke entfernen

Haben sich Baby, Hund oder Katze auf Teppich oder Teppichboden »verewigt«, zuerst einmal mit Küchenkrepp oder Toilettenpapier die Nässe herausziehen. Nicht mit Papier sparen! Dann mit warmer Seifenlauge und Essig oder Zitrone behandeln. Anschließend nehmen Sie ein mit Salmiakgeist befeuchtetes Tuch und reiben noch einmal über die Stelle, das nimmt den unangenehmen Geruch bestimmt fort.

Omas Tip

Schimmel schnell entfernt

Hat Ihr Fußboden Schimmelstellen, dann rubbeln Sie den Schimmel erst mit einem trockenen Lappen weg und reiben dann mit Terpentin nach.

Ein Schuß Salzsäure

Fußböden aus Ziegelstein (Klinker) werden wieder sehr schön, wenn man einen Schuß Salzsäure ins Wischwasser gibt. Aber zum Aufwischen Handschuhe anziehen!

Geölte Holzfußböden

Geölte Holzfußböden reinigt man am besten durch Scheuern mit warmer Sodalösung. Dann mit klarem Wasser nachwischen und ab und zu mit Leinölfirnis nachölen.

Nur aufwischen

Versiegelte Parkettböden brauchen keine aufwendige Pflege. Aufwischen genügt, der Glanz bleibt.

Stark verschmutztes Parkett

Ist Parkett stark verschmutzt, kann man es mit Terpentinersatz reinigen. Man reibt immer in Richtung der Holzmaserung und wischt den Schmutz gleich ab. Dann mit trockenem Tuch nachreiben und sehr dünn wachsen.

Parkett nie zu feucht behandeln

Parkett läßt sich auch mit heißem Wasser, in das ein Schuß Salmiakgeist gegeben wird, reinigen. Aber sehr sparsam mit dem Wasser umgehen und schnell trockenreiben – das Parkett verliert sonst seine Farbe.

Auf Bohnerwachs verzichten

Haben Sie Teppiche auf Ihren Parkettboden gelegt, sollten Sie nicht wachsen, weil das Wachs auf den Teppich getragen wird und die Wolle verklebt.

Omas Tip

Magermilch macht glänzend
Linoleum, das stark strapaziert wird, kann man mit Magermilch putzen. Dann wird es wieder schön.

Linoleum reinigen

Linoleum reinigt man am besten mit mildem Seifenwasser oder Terpentinersatz. Mit Wasser, das flüssiges Bohnerwachs enthält, nachwischen.

Kein brüchiges Linoleum

Wo Linoleum brüchig zu werden droht, reibt man es alle paar Wochen mit Essig und Öl zu gleichen Teilen ein.

Seifenwasser genügt

Eternit-Fußböden reinigt man mit Seifenwasser. Einwachsen nur in ganz trockenem Zustand.

Teerflecken weg im Nu

Gegen Teerflecken auf Holz- und Linoleumböden gehen Sie am besten mit Bohnerwachs vor.

Omas Tip

Mit Schuhkrem wieder schön
Hat der Holzfußboden helle Flecken bekommen, läßt sich das beheben, wenn man braune Schuhkrem unter das Bohnerwachs mischt und die hellen Stellen damit behandelt.

Keine knarrenden Dielen

Geben Dielen knarrende Geräusche von sich, dann streuen Sie Talkumpuder in die Ritzen.

Wäschepflege

Stark verschmutzte Wäsche, insbesondere Arbeitskleidung, sollte nicht direkt in die Waschmaschine gegeben werden. Man weicht sie über Nacht ein und setzt dem Einweichwasser einen Schuß Terpentin oder Petroleum zu.

Stark Verschmutztes vorher einweichen

Reißverschlüsse schließen Sie am besten, bevor Sie ein Kleidungsstück in die Waschmaschine stecken. Dann lassen sie sich später wieder reibungslos auf- und zuziehen.

Reißverschlüsse schließen

Prüfen Sie vor dem Waschen alle Taschen – am besten stülpen Sie sie um. Ein Papiertaschentuch, das mitgewaschen wird, kann Ihnen die ganze Wäsche verderben.

Taschen kontrollieren

Wollen Sie einen Stoff auf Farbechtheit prüfen, dann nehmen Sie einen Zipfel des Stoffs, drücken ihn kräftig in Waschlauge aus und reiben ihn dann auf einem weißen Bogen Papier. Ist der Stoff farbecht, wird er keine Spuren hinterlassen.

Farbechtheit prüfen

Gestärkte Wäschestücke dürfen nur in warmem Wasser eingeweicht werden, damit sich die alte Stärke löst.

Nur in warmem Wasser

Bei Kleidung aus Cordsamt sollten Sie vor dem Waschen alle Nähte und Säume sorgfältig ausbürsten. Und nach dem Waschen nie wringen!

Vorher gut ausbürsten

Haben sich weiße Strümpfe durch die Schuhe verfärbt, weicht man sie in lauwarmem Wasser ein, dem etwas Borax zugesetzt wurde.

Mit Borax einweichen

Taschentücher, die partout nicht mehr weiß werden wollen, strahlen wie neu, wenn sie vor dem

Taschentücher wie neu

Waschen einen Tag lang in Salzwasser eingeweicht werden.

Alternatives Waschpulver

Ein vortreffliches Waschpulver läßt sich ganz ohne Chemie aus gewöhnlichen Roßkastanien herstellen: Kastanien schälen, zerkleinern, trocknen und zu einem feinen Pulver zermahlen. Das Geheimnis: Kastanien enthalten die als Waschsubstanz wirksamen Saponine.

Omas Tip

Mit Efeu waschen

Seidene Unterwäsche wird wieder wie neu, wenn man sie mit einem lauwarmen Sud von Efeublättern wäscht. Zum Nachspülen eignet sich Salzwasser, dem ein Schuß Essig zugegeben wird.

Farbfrische erhalten

Farbige Stoffe behalten ihr frisches Aussehen, wenn sie in Essig (zwei Eßlöffel auf zehn Liter Wasser) gespült werden – aber vor dem Waschen, sonst riechen die Sachen nachher sauer.

Glänzende Seide

Zwei Tips aus China: Seidenstoffe behalten ihren Glanz, wenn man sie nach dem Waschen in Reiswasser spült – anschließend die Wäschestücke tropfnaß aufhängen. Der Glanz schwarzer Seide läßt sich auch durch Waschen in Tee – statt in Wasser – bewahren.

Glänzende Kunstseide

Nach dem Waschen Essig (zwei Eßlöffel auf zehn Liter Wasser) ins letzte Spülwasser geben – dann glänzen kunstseidene Kleidungs- oder Wäschestükke wieder wie neu.

Einlaufen verhindern

Wollen Sie sicher sein, daß Ihre Wollsachen nicht einlaufen? Geben Sie Glyzerin (einen Eßlöffel auf zehn Liter Wasser) ins Waschwasser. Angorawolle wird wieder flauschig und weich, wenn Sie Glyzerin ins letzte Spülwasser geben.

Oft lassen sich verfilzte Wollsachen retten, wenn man sie – nach einer nochmaligen Feinwäsche – in einem handwarmen Sud aus weißen Bohnen spült.

Verfilzte Wollsachen retten

Ein bewährtes Mittel zum Auffrischen blankgetragener Wollstoffe ist Salmiakgeist: ein Teelöffel auf eine kleine Schüssel Wasser genügt; die blanken Stellen damit abbürsten.

Wollstoffe auffrischen

Vergilbte Wäsche wird wieder weiß, wenn Sie einen Teelöffel Terpentin und zwei Eßlöffel reinen Spiritus ins letzte Spülwasser geben.

Vergilbte Wäsche wieder weiß

Schön gebleichte Wäsche erhalten Sie mit etwas Borax (einen Eßlöffel auf zehn Liter Wasser) im letzten Spülwasser – ein bewährtes Mittel selbst für Feinwäsche.

Bleichmittel für Weißwäsche

Als Schaumbremse bei überschäumender Waschmaschine hat sich Kochsalz bestens bewährt.

Überschäumende Waschmaschine

Feinwäsche wird geschont, wenn man sie nicht lose, sondern in einem Kopfkissenbezug in die Waschmaschine gibt. Trotzdem im Schongang waschen.

Feinwäsche schonen

Etwas Zucker muß dran
Zarte Gardinen aus Voile bekommen ihre alte Frische zurück, wenn man ins letzte Spülwasser etwas Zucker gibt.

Pflege für die Waschmaschine
Gönnen Sie auch Ihrer Waschmaschine, dem besten Helfer bei der Wäschepflege, hin und wieder eine Reinigung. Waschmaschine mit warmem Wasser füllen und etwa vier Liter Essig dazugießen. Während ein Waschprogramm durchläuft, reinigt der Essig die Maschine von Seifenrückständen und Kalk.

Angorawolle waschen
Stricksachen aus Angorawolle werden in lauwarmer Feinwaschmittel-Lauge gewaschen, lauwarm gespült und in Frottierhandtüchern getrocknet. Dann mit weicher Bürste einmal mit dem Strich bürsten und einmal gegen den Strich aufrauhen.

Auch ein Weichspüler
Waschen Sie Wollsachen und haben keinen käuflichen Weichspüler zur Hand, dann geben Sie einen Teelöffel Borax ins letzte Spülwasser. Das tut's auch.

Essig spart Zeit
Vor allem bei der Handwäsche lohnt es sich, Essig zum Spülen zu nehmen. Er neutralisiert nämlich die Seife und erspart damit den dritten Spülvorgang.

Spitzen waschen
Damit sich Spitzen beim Waschen nicht verziehen, wickelt man sie um eine Flasche und schwenkt sie so in lauwarmer Seifenlauge. In klarem Wasser nachspülen.

Cordhosen waschen
Cordhosen werden nicht so schnell abgenutzt und bekommen auch keine Knickstellen, wenn man sie vor dem Waschen auf die linke Seite zieht. Nicht schleudern, sondern tropfnaß aufhängen und später im noch feuchten Zustand bürsten.

Weiße Tennissocken
Sollen Ihre schönen Tennissocken wieder ganz weiß werden? Dann geben Sie eine Zitronenscheibe ins Waschwasser.

Wolldecken trocknen
Decken aus reiner Wolle, die niemals geschleudert werden dürfen, hängt man diagonal tropfnaß auf die Leinen.

Wäsche liebt Sonnenschein

Hat man die Möglichkeit, weiße Wäsche im Freien an der Sonne aufzuhängen, sollte sie nur leicht ausgewrungen, aber nicht geschleudert werden. Feuchte Wäsche bleicht nämlich wesentlich besser.

Platzsparend aufhängen

Hat man nur wenig Platz zum Aufhängen der Wäsche, dann hängt man sie quer zwischen zwei parallel gespannte Leinen.

Omas Tip

Wäschetrocknen bei Frost

Auch bei winterlichen Minusgraden läßt sich die Wäsche im Freien oder auf dem Dachboden trocknen, wenn man ein wenig Salz ins letzte Spülwasser gibt.

Zwei Tage feucht

Eingesprengte Wäsche kann man zwei Tage lang feucht halten, wenn man sie zusammengerollt in ein feuchtes Tuch einschlägt und eine große Schüssel darüberstülpt. Auch ein dichter Plastikbeutel hält die Wäsche feucht.

Kein Bücken mehr

Wer kein Klammerkörbchen hat, das an die Wäscheleine gehängt und mitgeschoben wird, kann Abhilfe schaffen: Man hängt Klammerschürze oder Klammerbeutel einfach über einen Kleiderbügel an die Leine. Das mühselige Bücken erübrigt sich so.

Wäscheleine säubern

Gerade die Wäscheleine sollte immer sauber sein. Man bürstet sie mit Salmiakwasser, Sodaseifenwasser oder Natronlösung. Dann gut spülen und straff gespannt im Freien trocknen.

Abfärben vermeiden

Nicht farbechte Wäschestücke verfärben die Leine nicht, wenn man etwas Seidenpapier zwischen Leine und Wäschestück legt.

Nur im Schatten

Weiße Wollsachen werden gelb, wenn man sie an der Sonne trocknet. Beim Trocknen im Freien also immer auf links drehen und nur in den Schatten hängen.

Blusen und Hemden trocknen

Blusen und Hemden hängt man am besten zum Trocknen auf einen aufblasbaren Bügel. Die Kragen werden hochgeklappt.

Falten für Gardinen

Wenn die frisch gewaschenen Gardinen wieder regelmäßig in Falten fallen sollen, hängen Sie sie in feuchtem Zustand auf und stecken am unteren Rand die Falten vorne und hinten mit zwei Wäscheklammern fest.

Badetuch löst Probleme

Steht in der Waschanleitung eines Kleidungsstücks »tropfnaß aufhängen«, ist das oft schwer zu bewerkstelligen, wenn man keine Waschküche und keinen Garten hat. Legen Sie die nasse Wäsche zunächst auf ein Badetuch – das saugt einen großen Teil des Wassers auf.

Mit der Nagelbürste

Wenn Sie Fransen an Tischdecken und ähnlichem nach dem Waschen noch naß mit einer Nagelbürste glattstreichen, kleben sie nicht zusammen.

Omas Tip

Schöne steife Spitzen

Weiße Spitzen werden nach dem Waschen wieder schön steif, wenn man sie mit abgekochter Milch gut anfeuchtet und dann bügelt.

Kleider und Blusen appretieren

Will man Kleider und Blusen, die man frisch gewaschen hat, nicht stärken, sondern appretieren, gibt man ins letzte Spülwasser pro Liter Wasser mehrere Blatt weiße Gelatine.

Steifer Taft

Gibt man ins letzte Spülwasser zwei Blatt Gelatine, dann werden Taftunterröcke wieder steif.

Keinen Frost bitte

Haben Sie Ihre Wäsche gestärkt, dann dürfen Sie sie nicht dem Frost aussetzen. Die Stärke verliert dann nämlich nicht nur ihre Wirkung, weil sie sich in Zucker umwandelt, die Wäsche wird zudem klebrig und fleckig.

Kopftücher sind ein guter Regenschutz, wenn Sie sie in (im Verhältnis eins zu acht) verdünnter essigsaurer Tonerde spülen und sie nicht ausgedrückt trocknen lassen. Auch Damenstrümpfe werden durch diese Methode wasserabstoßend.

Selbst imprägnieren

Feuerfest imprägnierte Gardinen erhöhen die Sicherheit im Haushalt. So wird es gemacht: Gardinen nach dem Waschen in einer schwachen Lösung von Ammoniakphosphat spülen, leicht ausdrücken und im Freien trocknen lassen.

Feuerfeste Gardinen

Wenn es mal ganz schnell gehen muß: Trocknen Sie Hemd, Bluse oder Strümpfe mit dem Fön. Das ist wesentlich wäschefreundlicher als Trockenbügeln.

Fön als Schnelltrockner

Wollen Sie getrocknete Wäsche schnell bügelfeucht haben und besitzen Sie einen Wäschetrockner, dann geben Sie die Wäsche mit zwei nassen Badetüchern in den Trockner und schalten diesen ohne Hitze ein. Die Wäsche wird bald gleichmäßig feucht sein.

Schnell bügelfeucht

Damit ein Glockenrock sich beim Bügeln nicht verzieht, darf er nicht einfach von oben nach unten, sondern nur mit dem Fadenlauf gebügelt werden.

Glockenröcke bügeln

Sie können Fältchen vermeiden, wenn Sie Kragen von der Spitze zur Kragenmitte hin bügeln.

Kragen bügeln

Kein Kleben beim Bügeln
Mischt man zu der noch heißen Wäschestärke eine Prise Salz oder ein paar Tropfen reines Terpentin, dann klebt die Wäsche beim Bügeln nicht.

Bügelfalten messerscharf
Hosenbeine umdrehen und die linke Stoffseite befeuchten, dann wie üblich von rechts unter einem feuchten Tuch bügeln. So werden Bügelfalten scharf und halten länger. Der Tip gilt natürlich auch für Faltenröcke.

Faltenröcke bügeln
Faltenröcke lassen sich leichter bügeln, wenn man die Falten vor dem Waschen zusammenheftet.

Nur von links
Bettbezüge wäscht und bügelt man am besten von links. Sie brauchen dann beim Beziehen nicht mehr umgestülpt zu werden.

Samtkleider auffrischen
Knitterstellen an Samtkleidern hält man über Wasserdampf. Danach auf einem Bügel an der frischen Luft trocknen lassen.

Wollsachen ohne Schweißgeruch
Wolle nimmt leicht Schweißgeruch an. Schonender als durch häufiges Waschen läßt sich der unangenehme Duft beseitigen, wenn man zwei Tücher mit einer Lösung aus Wasser und Salmiakgeist tränkt, das verschwitzte Kleidungsstück dazwischenlegt und mit dem Bügeleisen von beiden Seiten leicht darüberdämpft.

So bügelt man Synthetiks
Auch bei bügelfreien Kleidungsstücken kann es nach der ersten Wäsche schon mal Falten oder Knitterstellen geben. Beim Bügeln sollte man dann beachten: Nur mit der kleinsten Einstellung (handwarm) bügeln. Zuerst am Saum probieren – wenn es auch nur ein bißchen klebt, ist das Bügeleisen zu heiß. Glänzende Synthetiks darf man auf beiden Seiten, matte nur links oder mit einem Tuch bügeln. Bei sehr stark verknitterten Kleidungsstücken kann man auch mit einem leicht angefeuchteten Tuch bügeln.

Vorsicht mit Samt
Samt, Velours oder auch Chiffon bügelt man am besten zu zweit, denn diese Materialien sollten schwebend gebügelt werden, damit sie nicht plattgedrückt werden. Während eine Person den Samt straff hält, bügelt die andere leicht von links über.

Baumwolle von links

Baumwolle wird von links gebügelt. Bügelt man sie von rechts, sollte der Stoff vorher angefeuchtet werden.

Stickereien nur von links

Bunte gestickte Decken werden von links mit einem mit Essigwasser befeuchteten Tuch so lange gebügelt, bis das Tuch trocken ist. Die Stickerei kommt dann gut heraus, und der Essig frischt die Farben auf.

Nicht gleich in den Schrank

Gebügelte Wäsche sollte nicht gleich in den Schrank gelegt werden, erst ganz und gar trocknen und abkühlen lassen.

Versengte Stoffe

Versengte Stoffe sofort mit Essigwasser (ein Eßlöffel auf zehn Liter Wasser) einreiben und trocknen lassen – eine wirksame Methode, sofern der Stoff nicht bereits einen »Brandschaden« hat.

Weg mit den Schweißflekken

Schweißränder an Jackenärmeln wäscht man mit einer Halb-und-Halb-Mischung aus Alkohol und Salmiakgeist aus.

Omas Tip

Buttermilch macht's möglich

Buttermilch ist ein vorzügliches und zudem unschädliches Mittel zur Beseitigung so mancher Flecken. Kalkflecke in Badewannen und Waschbecken zum Beispiel werden durch Buttermilch entfernt, vor allem aber fast alle Obstflecken in Geweben: einfach Buttermilch eine gute Stunde einwirken lassen und auswaschen.

Kaugummi entfernen

Kaugummi läßt sich von einem Kleidungsstück leicht lösen, wenn man dieses – am besten in einer Plastiktüte – eine Zeitlang in die Tiefkühltruhe legt. Oft genügt es auch, Eiswürfel auf den Kaugummi zu pressen.

Hartnäckiger Alleskleber

Haben Sie Alleskleber auf Ihre Kleidung gebracht, dann legen Sie einen mit Spiritus getränkten Wattebausch auf die Stelle. Hat sich der Fleck gelöst, können Sie ihn mit einem Löschblatt abheben.

Immer kaltes Wasser nehmen

Blutflecke sollte man immer erst mit kaltem Wasser auswaschen. In heißem Wasser gerinnt das im Blut enthaltene Eiweiß und verbindet sich mit dem Gewebe.

Erst trocknen lassen

Flecken von Eigelb lassen Sie zunächst völlig trocknen. Dann abkratzen und waschen oder mit Benzin behandeln.

Fettflecke auf dunklem Stoff

Fettflecke auf dunklen Stoffen, zum Beispiel von Anzügen, reibt man mit Salmiakgeist weg. Nachher gut mit klarem Wasser nachreiben.

Gegen Fettflecke Kartoffelmehl

Bei allen Textilien können Fettflecke dadurch beseitigt werden, daß man Kartoffelmehl dick auf den Fleck streut und einreibt. Nach einer knappen Stunde ausbürsten oder ausklopfen.

Grasflecke – kein Problem

Grasflecke auf Baumwollstoffen sind heute kein Problem mehr. Die modernen Waschmittel entfernen sie mühelos. Man kann sie aber auch mit Fleckenwasser beseitigen.

Flecken von Kugelschreibern

Reiner Alkohol, aber auch Kölnisch Wasser sind bewährte Mittel, um Kugelschreiber- oder Filzstiftspuren zu beseitigen.

Wasser gegen Milchflecke

Flecken von Milch lassen sich leicht entfernen: einfach mit kaltem Wasser auswaschen.

Obstflecke – kein Malheur

Frische Obstflecke behandelt man am besten nur mit lauwarmem Wasser; man kann sie auch mit Zitronensaft betupfen und dann mit kaltem Wasser waschen.

Keine Parfumflecken mehr

Parfumflecken lassen sich mit Salmiakgeist aus der Kleidung entfernen.

Essig zum Nachdunkeln

Ist durch die Fleckbehandlung mit Salmiakgeist die betroffene Stelle ein wenig heller geworden, kann man mit schwachem Essigwasser nachhelfen. Die Stelle erhält ihre ursprüngliche Farbe zurück.

Vorsicht mit offenem Feuer

Die meisten Fleckentferner, auch die käuflichen, sind gesundheitsschädlich und viele sogar feuergefährlich. Flecken sollten deshalb stets am offenen Fenster oder auf dem Balkon und auf jeden Fall weit weg von offenem Feuer angewendet werden.

Omas Tip

Salz gegen Rotweinflecke

Sind Rotweinflecke auf das weiße Damasttischtuch gekommen, streuen Sie sofort Salz darauf und lassen es einziehen. Noch besser ist es, wenn Sie erst auf den Fleck ein wenig Weißwein gießen, trockentupfen und ihn dann mit Salz bestreuen.

Rostflecke verschwinden

Gegen Rostflecke läßt sich auf vielerlei Weise angehen. Bei schwachen Flecken genügt oft das Befeuchten mit Zitronensaft. Bei weißen Wäschestücken empfiehlt es sich, Salz in Zitronensaft aufzulösen, einen Wattebausch damit zu tränken und über Nacht auf den Fleck einwirken zu lassen. Man kann auch einen käuflichen Roststift benutzen.

Von Stockflecken befreien

Stockflecken kann man entfernen, indem man zehn Eßlöffel Wasser mit einem Eßlöffel Salmiakgeist und einem halben Teelöffel Salz mischt, auf die Flecken einwirken läßt und dann mit klarem Wasser nachspült. Bei empfindlichen Stoffen empfiehlt sich eine Lösung aus einem Liter Wasser, 70 Gramm Kochsalz und 30 Gramm kohlensaurem Natron.

Ränder vermeiden

Bei der Fleckentfernung lassen sich Ränder vermeiden, wenn man nur wenig Fleckenwasser oder Benzin nimmt und es schnell kreuz und quer großflächig verreibt. Gerieben werden muß, bis das Fleckenwasser verdunstet ist. Sind doch Ränder entstanden, kann man die betreffende Stelle über Wasserdampf halten und dabei vorsichtig reiben.

Dunkel bei dunklen Stoffen

Will man bei dunklen Stoffen einen Fleck mit Salmiakgeist entfernen, empfiehlt es sich, zum Ausreiben auch dunklen Stoff, möglichst vom gleichen Material, zu nehmen.

Kerzenwachs auf Kleidern und Decken

Hat eine Kerze Wachsflecken auf Kleidern oder Tischdecken hinterlassen – erst trocknen lassen, dann abheben oder abkratzen und ausbügeln. Baumwolle und Leinen kann danach gewaschen werden.

Tintenflecke

Auch Tintenflecke werden, solange sie frisch sind, von Salz aufgesogen. Also kräftig bestreuen. Man kann das betroffene Stück aber auch in Milch einweichen und dann waschen. Bei Flecken von roter Tinte wird mehrere Stunden in Buttermilch eingeweicht.

Fleckenwasser selbst gemacht

Ein Wässerchen, das Sie aus zwei Teilen Wasser und einem Teil Spiritus zusammenmixen, eignet sich gut zur Fleckbehandlung.

Krawatten selbst reinigen

Kein Problem, Krawatten selbst zu reinigen: Schneiden Sie ein Stück weißen Karton in Form und schieben Sie es in die Krawatte. Dann mit dem Schaum eines Feinwaschmittels vorsichtig abbürsten und trocknen lassen. Zuletzt den Karton entfernen.

Tierhaare und Wollfusseln entfernen

Haare von Haustieren und auf Kleidern oder Polstermöbeln haftende Wollfusseln lassen sich mit einer Nylonbürste leicht entfernen – die durch das Reiben statisch aufgeladene Bürste zieht Haare und Fusseln an. Den gleichen Zweck erfüllt auch ein Schaumgummischwämmchen.

Weiße Stoffschuhe wieder weiß

Wieder weiß werden Ihre Stoffschuhe durch Behandlung mit einem Brei aus Milch und Kreidepulver.

Federn auffrischen

Sind die Federn in Deckbett oder Kissen zusammengeklumpt, hilft folgende Methode: Fünf Zentimeter der Naht des Inletts auftrennen, Fön hineinhalten und Federn kräftig aufwirbeln. Während des Fönens die offene Nahtstelle gut zuhalten, anschließend wieder vernähen.

Kein Knick im Tischläufer

Zusammengelegte Tischläufer bekommen Knickstellen, wenn sie längere Zeit im Schrank liegen. Das läßt sich vermeiden, wenn man sie auf eine Papprolle wickelt und das Ganze mit einem Gummiring zusammenhält.

Färben mit Naturfarben

Eine schöne violette Farbe bekommen Leinen, Wolle und auch andere Stoffe, wenn man sie mit Heidelbeersaft tränkt. Ein warmes Braun erzielt man durch eine Beize, zu deren Herstellung grüne Walnußschalen in kaltem oder warmem Wasser angesetzt werden.

Omas Tip

Häkeldeckchen färben

Sind weiße Häkel- oder Strickdeckchen mit den Jahren gelb oder grau geworden, braucht man sie noch nicht wegzutun. Man legt sie in feuchtem Zustand in lauwarmen oder kalten schwarzen Tee. Die Färbung – von Cremefarben bis Dunkelbraun – läßt sich selbst bestimmen. Je länger das Deckchen im Tee liegt und je stärker dieser ist, desto intensiver die Färbung.

Selbstgefärbte Stoffe

Haben Sie ein Kleidungsstück selbst gefärbt, legen Sie es über Nacht in Milch, dann wird es waschecht.

Frische im Kleiderschrank

Wird ein Kleiderschrank nicht genügend gelüftet, dann riecht er leicht muffig. Das können Sie beseitigen, wenn Sie ihn mit warmem Wasser, dem Sie Spülmittel zusetzen, auswischen und mit einem Tuch trockenreiben. Besprühen Sie gelegentlich Schrank und Kleidung mit einem Anti-Geruch-Spray.

Waschen	Wasch-bottich				
	Erläuterung	Koch- bzw. Weißwäsche	Heißwäsche (Buntwäsche)	Feinwäsche	nicht waschen
Bleichen (Chloren)	Dreieck				
	Erläuterung	chloren möglich			nicht chloren
Bügeln	Bügeleisen				
	Erläuterung	starke Einstellung	mittlere Einstellung	schwache Einstellung	nicht bügeln
		Manche im Verkehr befindlichen automatischen (Regler-) Bügeleisen enthalten die Punkte noch nicht. Die Punkte werden jetzt eingeführt, und zwar kombiniert mit den durch Rohstoffangaben gekennzeichneten Temperaturbereichen, wie sie die Skala der Bügeleisen aufweist. Diese Angaben sind zwar nicht einheitlich, überwiegend sind sie aber abgestellt auf:			
		Baumwolle Leinen	Wolle Seide	Perlon, Nylon, Rayon (Kunstseide) Zellwolle	
		Durch diese Erläuterung ist gleichzeitig ersichtlich, welche Punkt-Zahl mit welcher Rohstoffangabe identisch ist.			
Chemisch Reinigen	Reinigungs-trommel				
	Erläuterung	Der Kreis besagt dem Verbraucher, daß chemisch gereinigt werden muß bzw. werden kann. Die Buchstaben sind lediglich für die Reinigungsanstalt bestimmt und stellen einen Hinweis für die in Frage kommende Reinigungsart dar.			
		allgemein übliche Lösungsmittel	Perchlor-äthylen oder Benzin	nur Benzin	nicht chemisch reinigen

Angenehme Düfte

Werfen Sie leere Parfum- oder Eau-de-Cologne-Fläschchen nicht weg: Im Schrank zwischen Kleidern und Wäsche verströmen sie noch lange angenehmen Duft.

Omas Tip

Duftwasser nach eigenem Rezept

Eine ganz persönliche Note können Sie dem Duftwasser für Ihren Wäscheschrank geben, wenn Sie es selber komponieren. Hier ein Vorschlag:

100 Gramm Lavendelblüten
100 Gramm Rosenblütenblätter
100 Gramm Nelkenblätter
50 Gramm Thymianblüten
25 Gramm Rosmarinblätter
25 Gramm Minzblätter
50 Gramm zerdrückte Gewürznelken
200 Gramm Salz

Die Zutaten gut mischen und trocknen lassen, dann in ein verschließbares Glas geben, zehn Tropfen Rosenöl darüberträufeln und vier Wochen ruhen lassen. Auf einige Taschentücher verteilen und diese verknotet an verschiedenen Stellen in den Schrank legen.

Zur Aufbewahrung von Seife

Bewahren Sie Ihren Vorrat an Feinseife im Wäschefach auf – dann duftet die Wäsche immer frisch.

Klappbügel rutschfest

Sie haben keinen Ärger mehr mit Hosen ohne Aufschlag, die leicht aus den Klappbügeln rutschen, wenn Sie auf die Innenseiten des Bügels Schaumgummistreifen kleben.

Omas Tip

Im blauen Kasten

Ihr schönes weißes Leinenzeug wird nicht gelb, wenn Sie es in einen Kasten legen, der einen blauen Anstrich hat.

Damit Blusen nicht abrutschen

Blusen und Hemden rutschen nicht mehr so leicht von den Kleiderbügeln, wenn Sie Gummiband um den Bügel wickeln.

Zwei Anhänger anbringen

Wollen Sie, daß Ihre Handtücher gleichmäßig abgenutzt werden, dann bringen Sie oben und unten je einen Anhänger an.

Nähen und Handarbeiten

Das Einfädeln des Fadens geht leichter, wenn man den Faden über einem kontrastfarbenen Blatt Papier durchs Nadelöhr führt – zum Beispiel dunkler Faden über hellem Papier.

Einfädeln leicht gemacht

Sprühen Sie sich ein wenig Haarspray auf die Finger und reiben Sie den Faden damit ein: Er wird steif und läßt sich leichter durchs Nadelöhr führen.

Haarspray – ein guter Tip für Nadel und Faden

Ihre Fingerkuppen müssen durch lange Näharbeit nicht wund werden. Bestreichen Sie sie einfach, solange Sie nähen, mit Nagellack, und Ihre Fingerkuppen sind ganz und gar unempfindlich.

Fingerkuppen tun nicht mehr weh

Beim Auswechseln eines ausgeleierten Gummibandes befestigt man das neue Band mit einer Sicherheitsnadel am Ende des alten – beim Herausziehen wird dann zugleich das neue Band eingezogen.

Auswechseln im Nu

Will man Knöpfe abtrennen, schiebt man am besten einen Kamm zwischen Knopf und Stoff, bevor man mit der Rasierklinge oder dem Trenner ans Werk geht: So ist der Stoff gegen Einschneiden gesichert.

Knöpfe abtrennen

Wollen Sie einen alten, wellig gewordenen Reißverschluß noch einmal verwenden, sprühen Sie ihn nach dem Waschen mit Stärke ein und bügeln Sie ihn dann unter einem Tuch glatt.

Reißverschluß wie neu

Wollen Sie einen Knopf mit vier Löchern annähen, dann nähen Sie nur durch jeweils zwei Löcher, schneiden den Faden ab und verknoten ihn. Der Knopf hält dann weiter, auch wenn einer der Fäden sich gelöst hat.

So halten Knöpfe länger

Mit Streichholz oder Bleistift

Knöpfe an schwerem Material, zum Beispiel an Mantelstoff, näht man an, indem man ein Streichholz oder einen Bleistift zwischen Knopf und Stoff steckt und dann annäht. Nach dem Nähen werden Bleistift oder Streichholz entfernt, die Fäden fest umwickelt.

Für starke Beanspruchung

Knöpfe, die stark beansprucht werden, näht man zweckmäßigerweise mit einem Gummifaden an.

Mit Bienenwachs einreiben

Knöpfe halten besser, wenn man den Nähfaden mit Bienenwachs einreibt.

Stets auf doppeltem Stoff

Knöpfe sollte man stets auf doppelten Stoff nähen. Wo das nicht möglich ist, sollte auf der Rückseite ein kleines Stoffstückchen oder ein Gegenknopf mit angenäht werden.

An der richtigen Stelle

Um die Knöpfe exakt an der richtigen Stelle annähen zu können, legen Sie den Verschluß des Kleidungsstücks mit den vorderen Kanten genau aufeinander und stechen durch das vordere Knopflochende eine Stecknadel. Da muß dann der Knopf angenäht werden.

Omas Tip

Druckknöpfe immer parat

Wollen Sie Druckknöpfe der verschiedensten Größen stets übersichtlich zur Hand haben? Dann drücken Sie sie einfach auf ein Stückchen Tüll.

Druckknöpfe exakt annähen

Damit Druckknöpfe exakt angenäht sind, müssen Sie zunächst ein Teil annähen. Streichen Sie dann mit Schneiderkreide über die erhabenen Stellen des Knopfes. Nun legen Sie das Gegenstück des Stoffes darauf und drücken fest an. Die Kreide zeigt genau die Stelle, wo das Gegenstück des Druckknopfes anzubringen ist.

Zwei schöne Perlmuttknöpfe werden mit doppelten Fäden im Abstand von etwa einem Zentimeter verbunden und die Fäden mit Knopfloch- oder Festonstich umnäht – schon haben Sie praktische Manschettenknöpfe.

Manschettenknöpfe selbst gemacht

Wollen Sie sich die Mühe sparen, beim Anbringen von Knöpfen an gefütterten Kleidungsstücken das Futter aufzutrennen, so nähen Sie einfach an der Gegenseite einen kleinen Knopf dagegen.

Knopf dagegennähen

Damit Sie die passenden Knöpfe bei Bedarf schnell finden, reihen Sie alle zusammengehörenden auf einen Faden und schließen ihn mit einer Schleife.

Schnell gefunden

Verzogene Knopflöcher an Stricksachen sind passé, wenn Sie an der Rückseite des Knopflochs ein Stück Stoff in passender Farbe gegennähen.

Stoff auf der Rückseite anbringen

Perlmuttknöpfe behalten ihren Glanz, wenn man sie gelegentlich mit farblosem Nagellack ganz dünn bestreicht.

Perlmuttknöpfe wie neu

Zier- und Schmuckknöpfe werden grundsätzlich ohne Stielchen angenäht.

Ohne Stiel

Einfacher Nähfaden verschlingt sich nicht, wenn Sie dasjenige Fadenende verknoten, das sie gerade vom Fadenröllchen abgerissen haben. Bei doppeltem Faden verknoten Sie jedes Ende für sich.

Keine unwillkommenen Knoten

Damit Nadel und Maschinennadel leicht auch durch sehr dicken Stoff gehen, reiben Sie kurz mit Seife über die Nahtstelle. Am besten eignet sich trockene Kernseife.

Dicker Stoff wird geschmeidig

Eine stumpf gewordene Nähmaschinennadel brauchen Sie nicht wegzuwerfen. Stechen Sie mehrmals durch Schmirgelpapier, und sie ist wieder scharf.

Nadeln immer scharf

Angerostete Nähnadeln werden wieder blank, wenn man sie mehrmals in Kernseife sticht und dann gut abreibt.

Wieder blank

Weil Nähseide am fertigen Kleidungsstück immer heller erscheint als der Stoff, sollten Sie beim Ein-

Einen Ton dunkler

kauf die Nähseide einen Farbton dunkler wählen, als der Stoff ist.

Schnittmuster in Ihrer Größe
Wenn es Ihnen schwerfällt, ein Schnittmuster auf Ihre Größe umzurechnen – hier ein praktischer Tip: Sie müssen einfach das Schnittmuster der Länge und der Breite nach durchschneiden und in Ihrer Größe auf dem Tisch auslegen. Ersetzen Sie die fehlenden Teile durch Klebestreifen, und Sie haben Ihr Schnittmuster.

Schnittmuster schnell zur Hand
Wenn Sie ein Stückchen Stoff auf das Schnittmuster heften oder kleben, wissen Sie später immer, zu welchem Kleidungsstück das Schnittmuster gehört.

Mit Klebestreifen
Schnittmuster verrutschen nicht, wenn Sie sie – statt mit Nadeln – mit Klebestreifen auf dem Stoff befestigen.

Nur schräg einschneiden
Wenn die Webekante den Stoff verzieht, schneiden Sie sie ein wenig ein. Aber nur schräg einschneiden, damit der Stoff nicht ausfranst.

Mit Kreide markieren
Wollen Sie sichergehen, daß Sie nach dem Zuschneiden die linke und die rechte Stoffseite nicht verwechseln, dann markieren Sie die linke Seite auffällig mit Schneiderkreide.

Gleich doppelt rädeln
Legen Sie beim Ausrädeln zwei Bogen Papier unter, dann haben Sie gleich auch alle doppelt benötigten Teile – zum Beispiel Ärmel und Rockteile – parat.

Papier mitnähen
Wenn Sie feines Seidenpapier mitsteppen, dann verrutschen Ihnen zarte Seidenstoffe nicht mehr beim Nähen. Später läßt sich das Papier mühelos entfernen.

Ärmel kürzer machen
Will man bei Hemd oder Bluse die Ärmel verkürzen, näht man sie in der Armkugel am Ärmeleinsatz ein.

Keine ausgebeulten Knie
Jeans bekommen keine ausgebeulten Knie, wenn Sie vor dem ersten Tragen einen Flicken aus Jeansstoff unterlegen. Man schneidet den Flicken aus abgelegten Jeans.

Erst waschen

Wollen Sie ein Kleidungsstück mit einem Flicken ausbessern, muß der Flicken erst gewaschen werden, sonst läuft er später ein.

Omas Tip

Wenn das passende Futter fehlt

Haben Sie zum Ausbessern einer schadhaften Stelle im Kleiderfutter keinen geeigneten Stoff mehr zur Hand, dann trennen Sie einfach das Ärmelfutter heraus und verwenden dies zum Ausbessern. Die Ärmel können Sie dann mit einem anderen Stoff füttern.

Mit heißer Schere

Sie ersparen sich das Umstechen von Nähten an synthetischen Stoffen, wenn Sie den Stoff mit heißer Schere schneiden. Die Enden der Fäden schmelzen dann nämlich und fransen nicht mehr aus. Arbeiten Sie mit Handschuhen oder isolieren Sie den Griff der Schere!

Omas Tip

Noch nicht wegwerfen

In der Mitte dünn gewordene Bettlaken kann man weiter verwenden, wenn man sie in der Mitte quer durchschneidet und dann die äußeren Enden zusammennäht.

Kein Verheddern mehr

Das Verheddern der Wolle beim Stricken mit mehreren Farben können Sie leicht vermeiden: Sie geben die Wollknäuel in eine Plastiktüte, durchlöchern sie an mehreren Stellen und ziehen nun die einzelnen Wollfäden durch die Löcher.

Ein Platz für Häkelnadeln

Häkelnadeln lassen sich sehr praktisch in durchsichtigen Hüllen von Zahnbürsten aufbewahren.

Mit Siegellack, Knetgummi oder Pappe
Damit die Wolle nicht von den Nadeln rutschen kann, verdickt man die Stricknadelköpfe mit Knetgummi oder Siegellack oder setzt kleine Pappscheibchen vor die Köpfe.

Gummifaden mitlaufen lassen
Bündchen an Taille und Ärmeln dehnen sich nicht aus, wenn Sie beim Stricken einen feinen Gummifaden in entsprechender Farbe mitlaufen lassen.

Noppen entfernen
Unschöne Noppen, die sich auf handgestrickten Pullis und Jacken zeigen, darf man nicht herausziehen. Vorsichtig abschneiden oder in gebührendem Abstand mit dem Elektrorasierer drüberfahren.

Aufgezogene Wolle
Aufgezogene Wolle kann man wieder glatt bekommen, wenn man sie über ein glattes Brett oder ein Tablett wikkelt und gut anfeuchtet. Anschließend auf dem Brett trocknen lassen.

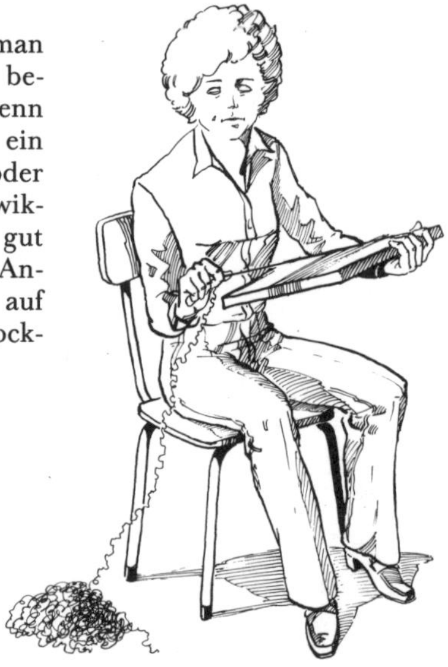

Mit Nähgarn trennt sich's leichter
Man tut sich beim Auftrennen von Stricksachen wesentlich leichter, wenn man sie nicht mit Wolle, sondern mit farblich abgestimmtem Nähgarn zusammennäht. Garn hebt sich von der Wolle besser ab.

Brettchen unterlegen
Sie erleichtern sich das Besticken von Stricksachen ganz wesentlich, wenn Sie ein glattes Brettchen unterlegen. Das gilt auch für das Aufnähen von Abzeichen.

Bei Kinderpullovern und -jacken empfiehlt es sich, von der Armkugel zum Bündchen hin zu stricken und nicht – wie gewöhnlich – umgekehrt. Die Ärmel lassen sich so jederzeit mühelos verlängern.

In umgekehrter Reihenfolge

Selten gebrauchte Stricknadeln aus Metall rosten nicht, wenn man sie mit Butter einreibt und in Pergamentpapier gewickelt aufbewahrt.

Ohne Rost

Dünn gewordene Stellen an Stricksachen, zum Beispiel Ellenbogen, überstickt man im Strickstich mit der gleichen Wolle. So hält das gute Stück noch lange.

Dünne Stellen übersticken

Stickgarn, das nicht indanthren-gefärbt ist, sollte man vor der Verwendung unbedingt auskochen. Dann reiben Sie das Garn nach dem Trocknen auf einem Stückchen weißen Stoff. Färbt es noch ab, können Sie es nicht verwenden.

Stickgarn gut prüfen

Wickeln Sie das Wollgarn um eine Mottenkugel auf und packen das Knäuel fest in Zeitungspapier – das mögen Motten nicht.

Wolle mottensicher aufbewahren

Sie können Ihre Stricksachen gegen Verfilzen beim Waschen schützen, wenn Sie das noch nicht aufgewickelte Wollgarn mit kochendem Wasser übergießen, ausdrücken und an der frischen Luft gut trocknen lassen.

Vorbeugen gegen Verfilzen

Energiesparen

Nicht auf höchster Stufe kochen	Ihr Tee- oder Kaffeewasser muß nicht auf höchster Stufe sprudeln. Gasflamme klein drehen, Elektroplatte ausschalten.
Nicht zu lange kochen	Kocht man Speisen gerade so lange, wie es unbedingt nötig ist, schont man nicht nur den Nährwert und die Vitamine, man spart auch Energie. Am sparsamsten kocht man mit dem Schnellkochtopf.
Platten rationell benutzen	Mit ein bißchen Nachdenken können Sie beim Kochen viel Energie sparen. Kalkulieren Sie die von den Elektroplatten nach dem Abschalten abgehende Wärme mit ein.
Große Portionen kochen	Kochen Sie vor allem im kleinen Haushalt gleich die doppelte oder dreifache Portion, und frieren Sie sie ein. Das ist strom- und zeitsparend.
Backofen möglichst nicht öffnen	Bei jedem Öffnen der Tür verliert der Backofen an die 20 Prozent seiner Temperatur. Öffnen deshalb so weit wie möglich einschränken.
Gemüse braucht nicht viel Wasser	Gemüse und Kartoffeln werden häufig noch mit zuviel Wasser gegart. Für zwei Pfund Kartoffeln beispielsweise reicht ein Viertelliter Wasser.
Lieber den Tauchsieder nehmen	Viel Energie verschwenden Sie, wenn Sie für die Tasse Kaffee zwischendurch die Elektroplatte anstellen. Machen Sie das Wasser lieber mit dem Tauchsieder oder einem Elektrokocher heiß.
Turmkochen ist sparsam	Nehmen Sie zwei oder drei Kochtöpfe, die genau aufeinanderpassen. Kochen und braten Sie die Speisen wie gewohnt vor, und lassen Sie sie dann aufeinandergestapelt garen. Das Gericht mit der längsten Garzeit natürlich zuunterst.

Töpfe mit großem Boden nutzen die Wärme der Platte besser aus als kleine hohe. Der Topf sollte außerdem nie kleiner sein als die Herdplatte und keinen zu dicken Boden haben. Und auf jeden Topf gehört ein passender Deckel.

Der richtige Topf

Wenn Sie einen elektrischen Heißluftherd haben, dann nutzen Sie so oft wie möglich die Gelegenheit, mehrere Gerichte gleichzeitig zu garen.

Backofen besser nutzen

Schauen Sie sich regelmäßig Ihren Wassertopf an. Hat er einen dicken Kesselsteinbelag, dann verschwenden Sie Energie. Sie können ihn durch Auskochen mit Essig und Ausspülen mit Sodawasser entkalken. Zur Vorbeugung geben Sie ein Stückchen Marmor – in Haushaltsgeschäften erhältlich – in den Kessel, der zieht die Kalkablagerungen an.

Wasserkessel prüfen

Kalk fällt bei Erhitzen des Wassers erst bei einer Temperatur von 60 Grad Celsius aus. Oft brauchen Sie gar kein kochendes Wasser, richten Sie sich darauf ein. Wasser erst zum Kochen zu bringen und dann mit kaltem zu mischen, ist unnötige Energieverschwendung.

60 Grad genügen oft

Heißwasserbereiter und Boiler sollten Sie regelmäßig vom Fachmann entkalken lassen. Schließen Sie einen Wartungsvertrag ab, dann müssen Sie nicht an die Termine denken.

Regelmäßig entkalken lassen

Kühlschränke oder gar Gefriergeräte sollten möglichst nicht neben dem Herd stehen. Geht es nicht anders, sollte man sie mit Hitzeisolierplatten versehen.

Nicht neben dem Herd

Gerichte sollten erst in ganz abgekühltem Zustand in den Kühlschrank gestellt werden. Kühl- und Gefrierschrank so kurz wie möglich öffnen.

Nur in kaltem Zustand

Denken Sie daran, die Kühlleistung Ihres Geräts zu drosseln, wenn Sie Ihre Küche im Winter relativ kühl haben. Eine niedere Stufe genügt.

Weniger Kühlleistung

Tropfende Warmwasserhähne sind hartnäckige Energiefresser. Wenn auch nur in jedem vierten Haushalt der Bundesrepublik ein Hahn tropft, wird

Keine tropfenden Wasserhähne

dabei Energie in einer Größenordnung verschwendet, die der Jahresleistung eines 110-Megawatt-Kraftwerks entspricht.

Lieber mehr duschen

Duschen ist billiger als Baden – für ein Duschbad benötigt man im Schnitt 30 bis 50 Liter Wasser, für ein Vollbad hingegen 150 bis 180 Liter.

Nicht zuerst das heiße Wasser

Beim Baden empfiehlt es sich, nicht erst heißes Wasser einlaufen zu lassen, sondern gleich die gewünschte Temperatur zu wählen oder erst das kalte und dann das warme Wasser einlaufen zu lassen.

Hauswärme verbraucht viel

80 Prozent der in den Haushalten verbrauchten Energie entfallen auf die Raumheizung. Stellen Sie Ihre Heizung niedriger – nur ein Grad weniger Raumtemperatur bedeutet sechs Prozent Energieeinsparung.

Verschiedene Temperaturen

Nicht in jedem Raum sind die gleichen Temperaturen notwendig. Im Schlafzimmer reichen in der Regel 18 Grad, und nachts sollten für alle anderen Räume 15 bis 16 Grad genügen.

Nicht abkühlen lassen

Die Heizung ganz abzustellen, bringt keine Energieersparnis, weil das Aufheizen viel Energie verschlingt. Heizung nachts und bei kurzer Abwesenheit nur niedriger einstellen.

Lüften im Winter

Fünf Minuten gut durchlüften, das genügt im Winter. Keinesfalls bei längerem Lüften die Heizung auf Hochtouren laufen lassen.

Rolläden sparen Energie

Rolläden schützen nicht nur vor neugierigen Nachbarn, sie halten auch Kälte ab. Also möglichst früh am Abend herunterlassen. Auch schwere Fenstervorhänge halten Kälte ab.

Heizung nicht verhängen

Verzichten Sie darauf, Fenstervorhänge zuzuziehen, die den Heizkörper verdecken. Sie verwehren der Wärme sonst den Zutritt zum Raum.

Energiefresser Fernsehen

Lassen Sie Ihr Fernsehgerät nicht eingeschaltet, wenn niemand das Programm anschaut. Besonders Farbfernsehgeräte brauchen nämlich viel Strom.

Keine Festbeleuchtung

Die elektrische Beleuchtung fällt beim Verbrauch an Energie im Haushalt zwar bescheiden ins Gewicht. Dennoch sollten Sie auf Festbeleuchtung in allen Räumen verzichten.

Sparen beim Bügeln

Beim Bügeln empfiehlt es sich, die Wäschestücke zuerst zu nehmen, die hohe Temperaturen vertragen. Mit der Restwärme läßt sich bei abgeschaltetem Eisen noch manches plätten, was es nicht so heiß mag.

Erst antrocknen lassen

Sie brauchen Ihren Haartrockner nicht so lange zu betätigen, wenn Sie Ihr Haar unter einem Handtuch etwas antrocknen lassen. Und verzichten Sie auf die höchste Stufe. Sie schonen Ihr Haar und sparen Energie. Dasselbe gilt natürlich für Trockenhauben.

Abschalten bei längerer Abwesenheit

Wenn Sie verreisen, sollten Sie Ihren Warmwasserbereiter abdrehen. Das Gas, das die Stichflamme verbraucht, summiert sich im Laufe des Jahres.

Undichte Fenster

Undichte Fenster lassen viel Wärme nach draußen. Sie können die Fugen zwischen Fensterflügel und

Rahmen leicht selbst abdichten. Das Material dafür gibt es im Baustoffhandel oder in Haushaltsgeschäften.

Heizkörperwärme nicht entweichen lassen

Rund 36 Prozent der Wärme, die von einem Heizkörper abgegeben wird, geht durch die Außenwand verloren. Bekleben Sie die Wand hinter dem Heizkörper mit Hilfe eines speziellen Hartschaumklebers mit Reflexionsplatten.

Heizung überprüfen lassen

Vor Beginn der Heizperiode sollten Sie Ihre Heizungsanlage Jahr für Jahr von einem Fachmann überprüfen lassen. Sie können damit unter Umständen bis zu 20 Prozent Heizenergie sparen.

Feuchte Luft wirkt wärmer

Sorgen Sie für ausreichend Luftfeuchtigkeit in Ihren Räumen, denn feuchte Luft wirkt wärmer als trockene. Wasserverdunster aufstellen und regelmäßig nachfüllen.

Rohre nicht unverkleidet lassen

Heizungsrohre, die »nackt« bleiben, wärmen zwar Ihren Keller, sind aber arge Energieverschwender. Wärmeverluste lassen sich vermeiden, wenn Sie die Leitungsrohre dämmen. Lassen Sie sich vom Fachmann beraten.

Energieersparnis durch Einzelraumregulierung

Für jeden Raum die richtige Temperatur – die Küche braucht nicht viel Wärme, weil Herd und Kühlschrank »heizen« –, dazu brauchen Sie an Ihren Heizkörpern Thermostatventile. Die einmalige Anschaffung lohnt sich.

Unfallverhütung

Weitaus die meisten Unfälle ereignen sich im häuslichen Bereich, bei Spiel, Hobby und Sport. Fast alle aber hätten sich durch Vorsicht und Umsicht vermeiden lassen. Deshalb im Haushalt und beim Spiel immer wieder kontrollieren, wo unfallträchtige Schwachstellen sind.

Unfallort: Das traute Heim

80 Prozent aller Unfälle im Haushalt sind Stürze. Viele von ihnen gehen auf das Konto falscher »Steighilfen«. Am besten ist eine moderne Leiter mit dem TÜV- oder neuerdings dem GS-Prüfzeichen. Vor jeder Benutzung prüfen, ob die Sicherung eingerastet ist und die Leiter gut und fest steht.

Die sichere Leiter

Um Leitern rutschfest zu machen, kann man sie an den Stellflächen mit Schaumgummiplättchen oder mit aufgerauhtem Gummi bekleben.

Leitern rutschfest machen

Stühle oder gar Hocker und Tische sind ein ganz und gar ungeeigneter Leiterersatz.

Hände weg von Hockern

Treppen, die sicher sein sollen, dürfen nie zu gut gebohnert werden. Gefährlich sind auch lockere Treppenläufer, überstehende Metallkanten, aber auch ausgetretene Stufen.

Gefahrenzone Treppe

Auch der Arbeitsplatz Haushalt erfordert die richtige Kleidung. Hochhackige Schuhe – insbesondere auf Leitern! –, lose Pantoffeln, weite Ärmel und lange Morgenröcke sind bei der Hausarbeit fehl am Platze.

Die richtige Kleidung

Treppen ohne Geländer sind nicht statthaft, weil nicht sicher. Man sollte das Geländer aber auch benutzen, insbesondere in fremden Häusern.

Nie ohne Geländer

Ein Job für zwei

Nasse oder feuchte Gardinen sollte man immer zu zweit aufhängen. Die Gardinen sind nämlich in diesem Zustand sehr schwer und könnten die aufhängende Person aus dem Gleichgewicht bringen und von der Leiter ziehen.

Gefährliche Stolperfalle

Brücken und Teppiche, Läufer und Fußabtreter rutschen auf glatten Böden wie beispielsweise Parkett. Sie brauchen dringend eine Unterlage aus rutschfestem Material, die allerdings, um wirksam zu sein, bis zum Teppichrand reichen muß.

Gleich trockenwischen

Haben Sie etwas verschüttet, und ist der Boden in Küche oder Bad feucht geworden, wischen Sie gleich trocken, sonst rutscht man zu leicht aus. Das gilt vor allem bei Fett, das den Küchenboden gefährlich wie Glatteis macht.

Vorsicht mit Messern

Ein Messer soll scharf sein – das macht es aber auch gefährlich. Deshalb schneiden Sie nie auf sich zu, sondern immer vom Körper fort. Nur auf guter Unterlage schneiden, am besten auf einem fest aufliegenden Brett.

Nicht mit der Schneide nach oben

Messer sollen immer mit der Schneide nach unten in den Besteckkasten gelegt werden.

Heiße Herde

Rund um den Herd ist es besonders gefährlich. Vorsicht beim Berühren der Kochzone; Platten oder Kochfelder können sehr heiß sein, auch ohne daß man es sieht.

Kindersicherungen

Ein vom Herd gezogener Topf mit heißer oder gar kochender Flüssigkeit hat sehr unangenehme Folgen. Für Kleinkinder können sie tödlich sein. Kindersicherungen für Platten und Herde gehören deshalb in jeden Haushalt mit Kleinkindern.

Haltegriffe sind nützlich

Wenn Fliesen im Bad naß sind oder wenn man mit nassen Füßen über geflieste Böden geht, besteht allemal Rutschgefahr. Das gleiche gilt für Wannen und Duschen. Haltegriffe und rutschfeste Unterlagen vor und in der Wanne sind da sehr nützlich.

Omas Tip

Butterlecken hilft

Haben Sie sich durch eine zu heiße Flüssigkeit den Mund verbrannt, dann kann Butterlecken oder ganz langsames Schlürfen von süßer Sahne den Schmerz lindern.

Strom und Nässe

Im Umgang mit Strom gibt es eine Faustregel: Niemals ein Elektrogerät anfassen, wenn Sie nasse Hände haben oder auf feuchtem oder nassem Untergrund stehen.

Achtung, heißes Wasser

Eine gefährliche Unsitte ist es, die Hände unbekümmert unter den Wasserhahn von Durchlauferhitzer oder Boiler zu halten, wenn diese auf heiß gestellt sind. Erst Temperatur prüfen – man kann sonst eine schmerzliche Überraschung erleben.

Niemals in der Badewanne

Beim Baden oder Duschen haben elektrische Geräte, weil lebensgefährlich, nichts verloren. Das gilt insbesondere für den Haartrockner, den Elektrorasierer, Radio samt Cassettenrecorder und fürs Telefon.

Jede Wand prüfen

Beim Do-it-yourself an den eigenen Wänden sollten Sie, bevor Sie die Schlagbohrmaschine in Gang setzen, prüfen, wo stromführende Leitungen liegen. Gibt es keine Pläne mehr, dann können Sie das mit einem handelsüblichen Detektor feststellen.

Hände weg von Sicherungen und Steckdosen

Es gibt Arbeiten im Haus, die man dem Fachmann überlassen sollte. Dazu gehören alle Arbeiten an elektrischen Leitungen. Eine gefährliche Unsitte ist es auch, Sicherungen zu flicken. Durchgebrannte Sicherungen gehören in den Müll.

Schutzkappen verwenden

Leben kleine Kinder im Haushalt, sollte man alle Steckdosen durch Schutzkappen absichern.

Schnell reparieren lassen

Spüren Sie beim Berühren einer Stehlampe, eines Kühlschrankes, eines Haartrockners ein leichtes Kribbeln in den Fingern, dann ist es höchste Zeit, das Gerät reparieren zu lassen. Die Isolation ist nämlich defekt. Geräte keinesfalls weiter benutzen.

Arzneimittel verschlossen halten

Arzneimittel jeder Art, auch harmlose wie Hustensaft, müssen für Kinder unzugänglich aufbewahrt werden. Am besten in einem verschließbaren Schränkchen.

Immer die richtige Flasche

Säuren, ätzende Flüssigkeiten, konzentrierte Putz- oder Waschmittel dürfen nie in Bier-, Limonade- oder Spiritusflaschen umgefüllt werden. Nur die Aufbewahrung in den deutlich gekennzeichneten Originalbehältern schützt vor folgenschweren Verwechslungen.

Unverzüglich den Arzt rufen

Wenn Sie den Verdacht haben, Ihr Kind könnte sich vergiftet haben, rufen Sie sofort den Arzt, den Notarzt oder die nächste Giftzentrale an. Am besten legen Sie das Telefonverzeichnis der deutschen Giftzentralen immer in Reichweite des Telefons. Bei Vergiftungen kann es um Minuten gehen!

Gefährliche Zigaretten

Wußten Sie schon, daß der Nikotingehalt von nur zwei Zigaretten für ein kleines Kind tödlich ist? Zigaretten also nicht herumliegen lassen, damit sie Kleinkinder nicht verschlucken!

Vor Feuer wird gewarnt

Benzin, Spiritus und andere feuergefährliche Flüssigkeiten nie in der Nähe von offenem Feuer gebrauchen und stets gut unter Verschluß halten.

Streichhölzer kein Spielzeug

Streichhölzer sollten Sie stets so gut wegräumen, daß Kinder nicht in ihren Besitz gelangen.

Tödliche Gefahr

Tödliche Gefahr droht Kindern heute von den Plastikbeuteln, wie man sie überall beim Einkauf bekommt. Beim Spielen über den Kopf gestülpt, pressen sie sich schon nach wenigen Atemzügen wie eine Vakuumpackung in die Atemwege und führen so zum Erstickungstod. Plastikbeutel also kindersicher aufbewahren!

Vorsicht am Wasser

Der eigene Swimmingpool, so herrlich er sein mag, kann für Kleinkinder sehr gefährlich werden – auch bei niedrigem Wasserstand. Schon eine Regentonne kann für ein Kleinkind eine tödliche Falle sein.

Gasunfälle vermeiden

Den Gasherd hält man immer verschlossen, wenn man ihn nicht gebraucht. Vor dem Verlassen der Wohnung und abends stets kontrollieren und den Haupthahn abdrehen.

Verdächtiger Gasgeruch

Haben Sie Gasgeruch in der Wohnung, auf keinen Fall Streichholz oder Feuerzeug anzünden und elektrische Schalter betätigen. Explosionsgefahr!

Sicht freihalten

Lasten wie Kartons und ähnliches darf man nur so tragen, daß sie die Sicht nicht versperren. Ein Sturz ist sonst vorprogrammiert!

Keine Kisten stapeln

Gestapelte Kisten und Kästen als Vorratsbehälter im Keller oder auf dem Boden sind allenfalls eine vorübergehende Notlösung, weil sie samt Inhalt zu leicht zum Einsturz neigen.

Kein Zugang zum offenen Fenster

Der Entdeckungsdrang der Kleinsten ist groß. Sorgen Sie dafür, daß Fenster und Balkone für die Kleinen nicht zugänglich sind, wenn diese unbeaufsichtigt spielen.

Standfeste Regale

Regale müssen nicht nur standfest sein, am besten und sichersten sind sie, wenn man sie mit der Wand des Raumes fest verbindet.

Treffer nach unten vermeiden

Sorgen Sie dafür, daß nichts von Ihrem Balkon nach unten fallen kann, auch nicht ein Blumentopf. Schon der kleinste Gegenstand erreicht im Fall soviel Wucht, daß er zu schweren Verletzungen führen kann.

Erst abschalten

Die kleinen Heinzelmännchen in der Küche – Kaffeemühle, Rührgerät und Mixer – arbeiten mit scharfen Klingen und hohen Drehzahlen. Deshalb nie mit den Händen in den Bereich von Klingen und Haken kommen, bevor das Gerät nicht ganz zum Stillstand gekommen ist.

Nicht mit nackten Füßen

Rasenpflege ist einfach geworden, seit es die inzwischen auch leiser gewordenen Motorrasenmäher gibt. Tragen Sie beim Rasenmähen immer festes Schuhwerk, und fassen Sie nie in den Schlagbereich der Messer, die übrigens auch noch nachdrehen, wenn das Gerät schon abgeschaltet ist.

Einsinken verhindern

Damit die Leiter, wenn sie im Garten gebraucht wird, nicht rutscht oder in die Erde einsinkt, unterlegt man sie mit Brettchen oder flachen Steinen.

Handschuhe helfen

Bei Tätigkeiten in Haus und Garten, bei denen die Gefahr der Verletzung oder der Infektion für die Hände besteht, sollten Sie Handschuhe tragen.

Schönheits- und Körperpflege

Für die Gesichtspflege gelten vier Grundregeln: Reinigen, Klären, Schützen, Nähren. Sie gelten für alle Hauttypen, ob Sie nun eine fettige, trockene, empfindliche oder von Akne befallene Haut haben.

Vier Grundregeln

Schmutz und Make-up löst eine Reinigungsmilch sehr schonend. Sie kann für jeden Hauttyp verwendet werden. Nach einer Einwirkungszeit wird die Reinigungsmilch mit warmem Wasser oder einem feuchten Wattebausch abgenommen.

Reinigungsmilch für alle Hauttypen

Reinigungsgel stets mit trockenen und fettfreien Fingern auftragen und anschließend mit warmem Wasser entfernen. Ist für alle Hauttypen geeignet.

Reinigungsgel

Niemals überfettete, milde Toilettenseifen zur Entfernung des Make-ups nehmen, weil deren Reinigungskraft nicht ausreicht.

Keine Seife

Mit Mandelkleie lassen sich verstopfte Poren gut reinigen. Sie ist bei fettiger und unreiner Haut statt Seife zu empfehlen.

Verstopfte Poren

Großporige Haut mit alkoholhaltigem Gesichtswasser klären. Es zieht die Poren wieder zusammen und strafft die Haut.

Straffe Haut

Um das Austrocknen der Haut zu vermeiden, sollten Sie immer eine Nährcreme auftragen. Eine Nachtcreme ist nur fetthaltiger als eine Tagescreme. Welche Creme Sie zu welcher Tageszeit verwenden, bleibt Ihnen überlassen. Wichtig ist nur, daß Sie überhaupt eine Creme auftragen.

Nährcreme gegen Austrocknen

Lanolincremes geben trockener Haut ihre Geschmeidigkeit zurück. Die Creme einklopfen und

Geschmeidige Haut

nicht einreiben, da trockene Haut zur Fältchenbildung neigt.

Bessere Durchblutung

Vitamincremes verstärken bei ermüdeter, erschlaffter oder älterer Haut die Durchblutung und wirken außerdem einer schnellen Verhornung entgegen.

Omas Tip

Gesichtshaut straffen

Eine Gesichtsmaske aus leicht geschlagenem Eiweiß strafft müde Gesichtshaut im Nu. 20 Minuten einwirken lassen und sich dabei entspannt hinlegen.

Hefemaske

Bei fettiger Haut ist eine Hefemaske nicht nur sehr wirkungsvoll, sondern auch preiswert. Vermischen Sie eine Hefepackung mit Wasser und tragen Sie den Brei auf das Gesicht. Kurz vor dem völligen Antrocknen der Masse entfernen Sie dann die Hefe mit lauwarmem Wasser.

Maske aus Quark und Eigelb

Bei empfindlicher Haut bereiten Sie sich eine pflegende Maske aus zwei Eßlöffeln Quark, die mit einem Eigelb verrührt werden. Lassen Sie die Maske

20 Minuten einwirken und entfernen Sie sie anschließend mit warmem Wasser.

Ein Tip aus Japan

Bei trockener Haut hilft ein altes japanisches Rezept: Eine Serviette oder ein Frotteetuch mit warmem Wasser tränken und auf das Gesicht legen.

Mitesser entfernen

Mitesser lassen sich leichter entfernen, wenn die Haut vorher durch ein Dampfbad aufgeweicht wurde. Achten Sie bei der Entfernung von Mitessern auf unbedingte Sauberkeit, sonst gibt es Entzündungen.

Mandelkleie und Seesand

Verhornung von unreiner oder großporiger Haut entfernt man mit Mandelkleie, die Seesand enthält. Regelmäßig einmal wöchentlich angewandt, bleibt die Haut klar und rein.

Gegen fleckige Haut

Bei einer nervösen, geröteten oder fleckigen Haut helfen am besten Kompressen aus Kamillensud.

Omas Tip

Nährmaske aus Quark und Bananen

Ein altes Hausmittel für zarte, strapazierte Haut ist eine Nährmaske, die Sie selber aus zerdrückten Bananen mit Quark herstellen können. Waschen Sie nach einer Viertelstunde alles mit Milch herunter.

Schminken stets bei vollem Licht

Ein ganzes Make-up schminken Sie, indem Sie sich dabei in das volle Tageslicht setzen. Das aufwendigere Abend-Make-up muß ebenso bei voller Beleuchtung geschminkt werden. Unsauber geschminkt wirken Sie leicht ungepflegt.

Teintgrundierung

Teintgrundierung sollte immer eine Spur dunkler sein als Ihre Gesichtsfarbe, damit Hautfehler, Rötungen und so weiter gleichmäßig überdeckt werden.

Rouge korrigiert Unregelmäßige Gesichtszüge können Sie geschickt durch Auftragen von Rouge sanft korrigieren. Benutzen Sie dabei zwei abgestufte Farbtöne und malen Sie keine knalligen Apfelbäckchen.

Konturenstift dunkler Ein Konturenstift macht das Schminken des Mundes leichter. Die Farbe des Konturenstifts sollte immer eine Nuance dunkler als der Lippenstift sein.

Leichter mit Lippenpinsel Tragen Sie den Lippenstift unmittelbar unter der Kontur auf. Mit einem Lippenpinsel geht es leichter.

Kleiner Mund Ein zu kleiner Mund kann optisch vergrößert werden, indem Sie mit dem Konturenstift den äußeren Rand nachziehen und auf die Lippen ein helles, strahlendes Rot auftragen.

Großer Mund Einen großen Mund mit vollen Lippen korrigieren Sie, indem Sie die Lippen mit einem hautfarbenen Make-up abdecken, die Lippenfarbe nur in die Mitte geben, mit einem Pinsel dann die Farbe zu den äußeren Konturen des Mundes verteilen.

Starke Unterlippe Bei einer zu starken Unterlippe ziehen Sie die Lippenkontur mit einem hautfarbenen Abdeckstift nach. Die obere Lippe mit einem Konturenstift betonen. Wählen Sie für die Unterlippe eine dunklere, für die Oberlippe eine helle, kräftige Farbe.

Starke Oberlippe Eine zu starke Oberlippe verkleinern Sie optisch, indem Sie die Kontur mit einem Abdeckstift nachziehen. Wählen Sie dann für die Oberlippe einen dunkleren Ton, für die Unterlippe einen hellen, kräftigen Ton.

Breiter Mund Bei einem zu breiten Mund decken Sie die Mundwinkel mit dem Abdeckstift ab und malen mit dem Lippenstift oder -pinsel die Mundwinkel nicht aus.

Lippenstift hält länger Ihr Lippenstift hält doppelt so lange, wenn Sie mit ihm nicht direkt die Lippen ausmalen, sondern einen sparsamen Lippenpinsel benutzen.

Kühl aufbewahren Kosmetische Präparate halten länger, wenn sie an einem kühlen Ort aufbewahrt werden. Überheizte

Badezimmer und sonnenbeschienene Fensterbänke sind der falsche Platz.

Eiskalt spitzen

Weiche Kosmetikstifte lassen sich nur schwer anspitzen. Legen Sie den Stift ins Gefrierfach, dann geht es plötzlich ganz einfach.

Zum Abschminken Babyöl

Make-up, Wimperntusche und Lidschatten müssen vor dem Schlafengehen entfernt werden. Die auf der Haut aufliegenden Substanzen fördern im Schlaf die Faltenbildung. Ein preiswertes und geeignetes Mittel zum Abschminken ist Babyöl.

Regelmäßig einkremen

Trockene Heizungsluft schadet der Haut, egal welchen Hauttyp Sie haben. Besonders die feine Haut der Augenpartie sollte deshalb regelmäßig eingekremt werden. Für die ganze Gesichtspartie spendet eine Maske aus Gurkenscheiben Feuchtigkeit.

Test beim Parfumkauf

Lassen Sie Parfum mindestens fünf Minuten auf Ihre Haut einwirken, bevor Sie sich zum Kauf entscheiden. So lange braucht ein Parfum, um sich zu entfalten. Mehr als drei bis vier Gerüche sollten Sie nicht hintereinander testen, denn mehr kann Ihr Geruchssinn nicht unterscheiden.

Duftverlängerung

Parfum oder Eau de Toilette duften besonders lange, wenn Sie einige Tröpfchen auf das frischgewaschene, noch feuchte Haar geben.

Omas Tip

Kamille für Augenkompressen

Gegen geschwollene Lider und überanstrengte Augen helfen Augenkompressen. Tränken Sie zwei Wattebällchen mit Kamillensud, und legen Sie sie zehn Minuten lang auf die geschlossenen Lider.

Körperhaare entfernen

Achsel- und Körperhaare entfernt man am hautschonendsten mit speziellen Enthaarungscremes.

Wachs ist zwar gründlich, aber nichts für Schmerzempfindliche.

Gesichtshaare entfernen Zur Entfernung von Gesichtshaaren sollten Sie jedoch Wachs verwenden, auch wenn es etwas schmerzt. Die chemischen Präparate sind zu scharf für die zarte Gesichtshaut. Einzelne Haare mit der Pinzette auszupfen.

Fort mit Augenrändern Augenränder schminken Sie am besten weg, indem Sie eine Feuchtigkeitscreme auftragen und anschließend einen Abdeckstift benutzen, der sich leicht verteilen läßt.

Abends zupfen Augenbrauen immer vor dem Schlafengehen zupfen. So hat die dadurch gerötete Haut viele Stunden Zeit, sich wieder zu beruhigen.

Omas Tip

Eine Eipackung fürs Haar

Ein altes Hausmittel gegen sprödes und stumpfes Haar ist eine Eipackung. Das geschlagene Ei im Haar gut verteilen, 30 Minuten einwirken lassen und anschließend mit lauwarmem Wasser gründlich ausspülen.

Dauerwelle daheim Wenn Sie sich Ihre Dauerwelle daheim selber machen, fetten Sie die Haarspitzen mit etwas Nährcreme ein und umwickeln sie mit speziellem Spitzenpapier, bevor Sie das Haar auf die Wickler drehen.

Locker und duftig Ihr Haar wird locker und duftig, wenn Sie zur Haarwäsche Spezialshampoos mit Lanolin-, Lezithin-, Protein- und Cholesterin-Zusätzen verwenden.

Lufttrocknung ist gesund Ihr Haar bleibt gesünder, wenn Sie etwa jedes dritte Mal nach dem Haarewaschen auf Fön oder Trokkenhaube verzichten. Gönnen Sie Ihrem Haar eine Lufttrocknung.

Rundgeschliffene Naturborsten spalten die Haarspitzen nicht und lassen das Haar nach dem Durchbürsten lockerer und luftiger erscheinen.

Naturborsten sind besser

Ein natürlicher Aufheller für blondes Haar ist der Saft einer Zitrone, den Sie in das letzte Spülwasser geben. Bei trockenem oder porösem Haar nicht anwenden.

Zitrone als Aufheller

Bei blondem Haar, das sehr trocken und porös ist, spülen Sie Ihr Haar besser mit einem Sud aus römischer Kamille. Das Azulen der römischen Kamille hat eine aufhellende Wirkung.

. . . oder römische Kamille

Omas Tip

☞ **Bier gegen fettiges Haar**

Ein gutes Hausmittel bei fettigem Haar ist eine Bierspülung nach jeder Haarwäsche. Das Bier wird nicht wieder herausgespült.

Bei extrem trockenem Haar empfiehlt es sich, eine Ölpackung zu machen. Tragen Sie mit einem Wattebausch reines Olivenöl auf Haar und Kopfhaut, massieren Sie es leicht ein, und lassen Sie es unter einer Plastikhaube zwei bis drei Stunden einwirken. Danach das Haar gründlich waschen.

Ölpackung bei trockenem Haar

Waschen Sie, wenn Sie fettiges Haar haben, bei jeder Haarwäsche auch Kamm und Bürste mit, damit nicht daran hängendes Fett anschließend wieder im Haar verteilt wird.

Kamm und Bürste waschen

Gegen das schnelle Durchfetten der Haare hilft ein Haarfestiger. Der Harzfilm des Festigers nimmt etwas von dem überschüssigen Fett auf.

Haarfestiger hilft

Verklettetes Haar bekommt man am schnellsten durchgekämmt mit einem Kamm, der weit auseinanderstehende Zinken hat. Beginnen Sie mit dem Kämmen immer an den Haarspitzen und nicht an der Kopfhaut.

Verklettetes Haar

Wirkungsvolle Dauerwelle

Bei schnell fettendem Haar empfiehlt sich auch eine Dauerwelle. Die Chemikalien machen das einzelne Haar poröser, es kann dann mehr Fett aufnehmen.

Olivenöl gegen spröde Hände

Wöchentlich einmal ein lauwarmes Olivenölbad hilft hervorragend bei rissig und spröde gewordenen Händen. Das Öl gut einmassieren.

Omas Tip

Glyzerin bindet Feuchtigkeit

Glyzerin-Handcremes immer mit feuchten Händen einreiben, da das Glyzerin Feuchtigkeit bindet – im Gegensatz zu Fett.

Handschweiß vermeiden

Schwitzende Hände bekämpft man, indem man die Hände täglich mit Franzbranntwein abreibt.

Zitrone gegen Gelbfinger

Nikotinflecke an den Fingern sind hartnäckig. Mit Zitrone abreiben hilft da auf jeden Fall.

Lackierhilfe

Die Zehennägel lassen sich besser lackieren, wenn Sie kleine Schaumgummibällchen oder Wattebäuschchen zwischen die Zehen stecken.

Nagelbrechen verhindern

Ihre Fingernägel brechen nicht mehr so leicht, wenn Sie sie mit der Nagelfeile vom Rand zur Mitte feilen. Verwenden Sie am besten Sandblatt- oder Diamantfeilen.

Zarte Nagelhaut

Nagelhaut bleibt dünn und zart, wenn Sie auf das Schneiden mit der Schere verzichten und statt dessen die Haut nach vorherigem gründlichem Einweichen in Seifenwasser mit einem Wattebäuschchen zurückschieben. Schneiden kann auch zu schmerzhaften Verletzungen führen.

Schutz durch Unterlack

Ein farbloser Unterlack schützt Ihre Nägel vor Verfärbungen durch den farbigen Nagellack. Warten Sie mit dem Lackieren, bis der Unterlack völlig trocken ist.

Fußnägel werden immer waagerecht geschnitten, damit die Nägel nicht einwachsen. Die Schnittflächen anschließend mit der Feile glatt feilen.

Fußnägel immer waagerecht schneiden

Müde Füße machen den ganzen Menschen matt. Dagegen hilft ein Fußbad aus heißem Wasser, zwei Händen voll Salz und einem Schuß Essig.

Gut zu Fuß

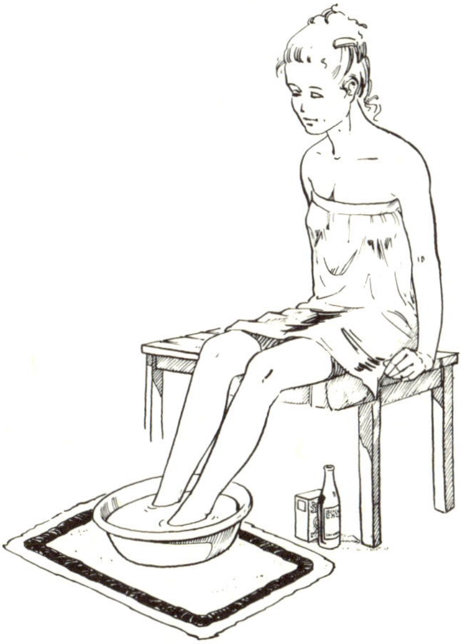

Wenn Sie Hornschichten oder Hühneraugen entfernen wollen, weichen Sie die Haut erst gründlich ein, bevor Sie die verdickten Stellen mit dem Bimsstein gründlich abreiben.

Hühneraugen entfernen

Nagelfeilen, die stumpf geworden sind, werden wie neu, wenn man auf beiden Seiten je einen Streifen Heftpflaster fest andrückt und wieder abzieht. An der Klebemasse bleiben die Schmutz- und Hornreste haften.

Nagelfeile schärfen

Die Poren des Bimssteins verstopfen nach einiger Zeit durch abgeriebene Hautteilchen, die in den

Bimsstein wie neu

Zwischenräumen hängenbleiben. Reiben Sie den glattgewordenen Bimsstein über grobes Schmirgelpapier, dann ist er wieder funktionsfähig.

Bürsten tut gut

Eine Bürstenmassage vor dem Duschen oder dem Bad regt nicht nur den Kreislauf an, sondern entfernt auch alle verhornten Hautschüppchen. Die Haut wird dadurch glatt und nimmt Körperlotionen oder Badezusätze besser auf.

Zum Herzen bürsten

Bürsten Sie bei Körperbürstungen immer von unten nach oben – zum Herzen hin. Beginnen Sie mit den Beinen, dann folgen Arme, Bauch, Brustkorb. Den Rücken mit einer Stielbürste massieren.

Morgens duschen

Niedriger Blutdruck macht eine müde Haut. Wirksam hilft eine Heiß-kalt-Dusche, die den Körper aktiviert. Die beste Zeit: nach dem Aufstehen.

Nach dem Schaumbad

Nach einem Schaumbad ist die Haut leicht ausgelaugt und hat den natürlichen Fettfilm verloren. Reiben Sie Ihren Körper mit ein wenig Olivenöl ein, dem einige Tropfen Zitrone zur Hauterfrischung beigefügt wurden.

Omas Tip

Ein Bad aus Lavendelblüten

Ein Kräuterbad mit Lavendelblüten wirkt beruhigend. Brühen Sie eine Handvoll Lavendel auf, laſſen Sie den Sud 15 Minuten ziehen, gießen Sie ihn durch ein Sieb, und geben Sie ihn ins Badewaſſer.

Bäder für trockene Haut

Cremeschaum-, Creme- oder Ölbäder sind gut geeignet für eine trockene, empfindliche Haut. Da sie nicht genügend reinigen, sollten Sie zusätzlich eine sehr milde Toilettenseife benutzen.

Kamillenbad entspannt

Wenn Sie gut schlafen wollen, sollten Sie sich ein heißes Kamillenbad bereiten: Kamillenblüten aufbrühen, zehn Minuten ziehen lassen und durchgeseiht ins Badewasser geben.

Omas Tip

Altbewährtes Schlafmittel

Heiße Milch, Honig und Eigelb nehmen es bei Schlaflosigkeit durchaus mit einer Schlaftablette auf. Sie schmecken nicht nur besser, sondern sind auch gesünder.

Keine kalten Füße

Kalte Füße verhindern das Einschlafen. Lassen Sie warmes Wasser wadenhoch in die Badewanne laufen, und marschieren Sie zwei Minuten lang in der Wanne auf und ab. Danach haben Sie bestimmt warme Füße.

Bier macht müde

Auch ein Glas Bier erhöht die Schlafbereitschaft. Es muß mindestens Zimmertemperatur haben, darf also auf keinen Fall aus dem Kühlschrank kommen.

Omas Tip

Salzbad als Muntermacher

Ein besonderer Muntermacher nach großen Anstrengungen ist ein heißes Bad, dem zwei Kilogramm einfaches Speisesalz beigegeben wurden. Dann ins Bett und gut zugedeckt schwitzen. Der Körper wird dabei entschlackt und von Harnsäure befreit.

Ein Apfel tut's auch

Wenn Sie keine Zahncreme zur Hand haben, ist das Essen eines Apfels ein guter Zahnputzersatz.

Gefährlicher Zahnstein

Wenn sich Zahnstein gebildet hat, lassen Sie ihn unbedingt vom Zahnarzt entfernen, da Zahnstein Erkrankungen auslösen kann.

Zweimal täglich Zähneputzen

Putzen Sie Ihre Zähne mindestens zweimal täglich. Bürsten Sie die Zähne immer von oben nach unten, und massieren Sie dabei gleichzeitig sanft das Zahnfleisch.

Mundddusche: empfehlenswert

Empfehlenswert für die tägliche Zahnpflege ist eine Munddusche. Sie massiert nicht nur das Zahnfleisch, sondern spült auch dort Speisereste weg, wo die Zahnbürste nicht mehr hinkommt.

Kaugummi reinigt die Zähne

Kauen Sie ruhig mal einen Kaugummi. Er hält die Zähne sauber. Nach 20 Minuten Kauen sind die Zähne so gut gereinigt wie überhaupt möglich. Günstiger ist natürlich ein zuckerfreier Kaugummi.

Auf Mundgeruch achten

Ständiger Mundgeruch weist nicht nur auf schadhafte Zähne oder auf Speisereste hin, auch ein Magenleiden kann Ursache dafür sein. Sie sollten unbedingt einen Arzt aufsuchen.

Handtuchbremse

Handtücher rutschen immer wieder von verchromten Handtuchstangen. Spannen Sie einfache Gummibänder drumherum, das bremst.

Rutschfeste Seife

Seife wird nicht mehr glitschig, wenn Sie einen Kronenkorken fest hineindrücken.

Schwamm reinigen

Auch ein Schwamm braucht von Zeit zu Zeit eine Reinigung. Legen Sie ihn über Nacht in eine Salzlösung, dann ist er wie neu.

Zahnbürste reinigen

Zahnbürsten reinigt man am besten mit Zahnprothesen-Reiniger. Zahnputzbecher verlieren ihre Stumpfheit durch eine Behandlung mit Salz- oder Essigwasser.

Keine beschlagenen Spiegel

Ein heißes Bad läßt durch Wasserdampf alle Spiegel im Bad beschlagen. Das vermeiden Sie, indem Sie zuerst einige Zentimeter kaltes Wasser einlaufen lassen, bevor das heiße Wasser hinzukommt.

Kampf dem schwarzen Schimmel

Schwarze Fugen zwischen den Badezimmerfliesen sind das Ergebnis von Schimmelpilzen, die in feucht-warmen Räumen bestens gedeihen. Mit Chlorbleichlauge abbürsten, dann sind die Pilze verschwunden.

Sicher in der Wanne

Badewannen sind rutschig und nicht nur für ältere Leute gefährlich. Haben Sie keine Gummimatte mit rutschfesten Noppen, legen Sie ein dickes Frotteehandtuch auf den Wannenboden.

Omas Tip

Gegen Schweißgeruch

Schweißgeruch verschwindet nachhaltig, wenn Sie Füße und Achselhöhlen mit verdünntem Essigwasser waschen. Außerdem keine Strümpfe aus Kunststoff-Fasern oder Schuhe aus synthetischem Material tragen.

Treiben Sie Gymnastik

Po und Hüften werden durch regelmäßige Gymnastik-Übungen wieder fest. Setzen Sie sich mit dem Po auf die Fersen, stützen Sie die Hände neben den Füßen auf, und heben Sie dann das Becken langsam in die Höhe, ohne ein Hohlkreuz zu machen. Der Körper muß von den Schultern bis zu den Knien eine gerade Linie bilden.

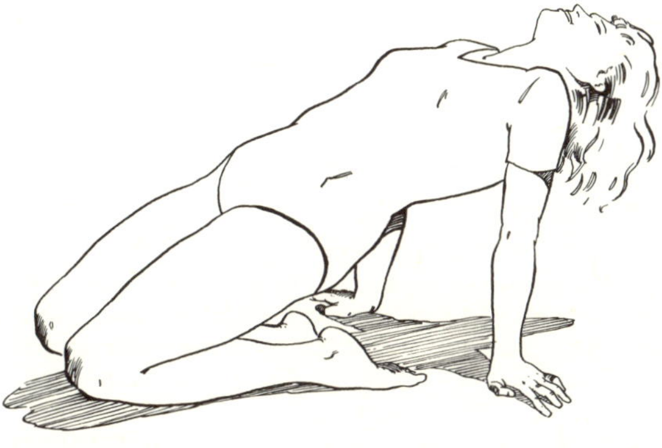

Verspannter Nacken

Verspannungen im Nacken vertreibt ein warmes Bad. In hartnäckigen Fällen sich vom Arzt Massagen verschreiben lassen.

Gute Haltung

Durch diese Übung trainieren Sie eine gute Haltung: Setzen Sie sich auf den Boden und winkeln Sie die Beine so weit an, daß Sie die Knie mit den Händen umfassen können. Nun wie ein Schaukelpferd nach hinten und zurück rollen. Der Rücken muß dabei ganz rund bleiben.

Kein schlaffer Bauch

Ein schlaffer Bauch muß nicht sein. Außer regelmäßiger Gymnastik helfen Wechselduschen und Diät. Das gilt nicht für dicke Bäuche – da hilft nur Diät.

Nicht einzwängen

Miederhöschen und Hüfthalter schaden mehr, als sie nützen. Sie nehmen den Muskeln die Möglichkeit, durch »Eigenarbeit« fest zu bleiben.

Kopf hoch!

Ein Doppelkinn ist ein deutliches Zeichen für eine schlechte Haltung. Halten Sie beim Gehen die Schultern gerade und den Kopf erhoben.

Muskeln stärken

Schlaffe Oberarmmuskeln sind eine Alterserscheinung, die schon in relativ jungen Jahren auftreten kann. Bürstenmassagen (immer in Richtung zum Herzen) helfen neben täglichen Gymnastikübungen – zum Beispiel mit den Händen die Handgelenke umfassen und dann die Arme ruckartig stauchen.

Sonnenschutz

Ob Sie sich für Sonnenöl oder Sonnenmilch entscheiden, hängt von Ihrem Hauttyp ab. Bei fettiger oder Akne-Haut verwenden Sie besser Sonnenmilch. Für die schon vorgebräunte Haut verwenden Sie besser Sonnenöl.

Kein Alkohol in der Sonne

Alkohol kann auf erhitzter Haut Pigmentverfärbungen hervorrufen. Verzichten Sie beim Sonnenbaden immer auf den Gebrauch von Parfum, Eau de Cologne und Erfrischungstüchern.

Lippen besonders schützen

Die Lippen, die besonders empfindlich sind, schützen Sie vor Sonne und Wind mit einem Spezialstift. Er verhindert das Rauh- und Rissigwerden der Lippen sowie die Bildung von Lippenbläschen.

Auf Lichtschutzfaktor achten

Bedenken Sie, daß Körperpartien wie Ohren, Nasenrücken, Mund, Hals, Busen, Schultern, Achselhöhlen, Innenseite der Ellenbogen, Kniekehlen, Fußrücken besonders gefährdete Stellen sind und mit einem höheren Lichtschutzfaktor geschützt werden müssen.

Omas Tip

Hilfe bei Sonnenbrand

Bei Sonnenbrand legen Sie auf besonders gerötete Hautpartien mit Buttermilch oder kühlem Kamillentee getränkte Wattebäusche. Lassen Sie sie mindestens eine halbe Stunde lang einwirken.

Hausapotheke

Eine »Hausapotheke« sollte auch im kleinsten Haushalt vorhanden sein. Für die Aufbewahrung von Medikamenten und Verbandszeug ist der Badezimmerschrank keinesfalls der richtige Ort. Am besten geeignet sind verschließbare Hängeschränkchen, die an einem kühlen und Kindern wenig zugänglichen Platz – zum Beispiel im elterlichen Schlafzimmer – angebracht sein sollten.

Je sparsamer, desto besser

Die Hausapotheke sollte nur das Notwendigste an Arzneimitteln enthalten, zum Beispiel regelmäßig einzunehmende Medikamente, Mittel zur Wundreinigung, eventuell Schmerztabletten; außerdem Fieberthermometer, Pinzette, Schere, Verbandszeug, Sicherheitsnadeln.

Zurück zum Apotheker

Heben Sie in der Hausapotheke keine Medikamente auf, die nicht mehr benötigt werden. Die meisten Apotheken nehmen heute nicht aufgebrauchte Arzneimittel zurück, um sie sicher zu vernichten.

Regelmäßig aussortieren

Schreiben Sie auf jedes Medikament, das Sie neu in Ihre Hausapotheke legen, das Einkaufsdatum. Sortieren Sie mindestens einmal im Jahr alle alten Arzneimittel aus.

Inhaltsverzeichnis hilft

Stellen Sie ein Inhaltsverzeichnis Ihrer Hausapotheke auf und bringen Sie es am oder im Schränkchen an.

Feiern und Gäste

Rechtzeitig einladen — Laden Sie Ihre Gäste rechtzeitig ein, wenn Sie möchten, daß auch alle kommen. 14 Tage vorher sollte jeder Gast Bescheid wissen.

Mündliche Einladung wirkt persönlicher — Verwandte, Freunde, Kollegen laden Sie mündlich oder telefonisch ein. Nur bei offiziellen Anlässen oder zum Empfang versenden Sie schriftliche Einladungen.

Essen ankündigen — Teilen Sie Ihren Gästen nicht nur Datum und Uhrzeit mit, sondern sagen Sie Ihnen auch, ob sie Appetit mitbringen sollen – also ob es ein warmes Essen oder ein kaltes Büfett gibt.

Nachbarn informieren — Informieren Sie Ihre Nachbarn darüber, daß Sie ein Fest veranstalten. So vermeiden Sie Ärger, wenn es nach Mitternacht noch laut ist.

Rechtzeitig vorsorgen — Besorgen Sie Getränke und haltbare Lebensmittel schon ein paar Tage vorher. Abgehetzte Gastgeber sind ein trauriger Anblick.

Bier vom Faß — Bier vom Faß können Sie sich bei einem Bierverleger bestellen. Denken Sie daran, daß er Ihnen auch einen Zapfhahn und Krüge mitliefert.

Getränke in Kommission — Kaufen Sie die Getränke in Kommission ein, damit Sie nicht angebrochene Flaschen Ihrem Händler zurückgeben können. Es ist peinlich, wenn Sie zu wenig eingekauft haben und Ihren Gästen nichts anbieten können.

Für große Partys: kaltes Büfett — Ein kaltes Büfett ist praktisch für eine Einladung mit mehr als 15 Gästen. Sie können alles in Ruhe vorbereiten, die Gäste bedienen sich selbst, und die Gastgeber können sich ihren Gästen widmen.

Alkoholfreie Getränke dürfen bei einer Feier nicht fehlen, da nicht alle Ihre Gäste mit dem Taxi kommen oder Freunde des Alkohols sind.

Nicht nur Alkohol

Wenn Sie ein warmes Essen geben, nehmen die Vorbereitungen in der Küche viel Zeit in Anspruch. Decken Sie den Tisch schon am Abend vorher.

Tischdecken im voraus

Tischkarten brauchen Sie nur zu besonders festlichen Anlässen. Die Tischkarten liegen auf der Serviette oder stehen oberhalb des Tellers.

Tischkarten

Prüfen Sie rechtzeitig, ob Sie genügend Gläser, Geschirr und Bestecke vorrätig haben. Leihen Sie sich notfalls Fehlendes aus.

Was fehlt?

Musik sorgt für die richtige Stimmung. Wählen Sie die Musik für Ihre Party sorgfältig aus. Wenn Ihre eigene Sammlung nicht ausreicht, leihen Sie sich Platten oder Bänder bei Freunden.

Musik schafft Stimmung

Aschenbecher sind auf einer Party häufig Mangelware. Einfache Blumentöpfe mit Alufolie umwickelt und halb mit Sand gefüllt sind eine gute Lösung.

Blumentöpfe als Aschenbecher

Im Bad sollten Sie genügend Gästehandtücher und Extra-Seifenstückchen bereitlegen.

Ans Bad denken

Wenn Sie Wegwerfgeschirr verwenden, sollten Sie eine große Mülltüte in der Küche bereitstellen.

Mülltüte bereitstellen

Damit der Küchendunst Ihre Gäste beim Eintreten nicht belästigt, lassen Sie in einem Topf Zimt und Zucker langsam warm werden. Das duftet angenehm nach Kuchen.

Küchendunst stört

Abgetretene Brücken oder ausrangierte kleinere Teppiche sollten Sie auf dem Dachboden aufheben. Sie tun bei vielen Festen gute Dienste, zum Beispiel unter dem kalten Büfett.

Alte Teppiche aufheben

Blumenschmuck auf einem Eßtisch sollte nur niedrig und klein sein, damit Ihre Gäste nicht plötzlich hinter dicken Blumensträußen verschwinden, wenn sie an der Tafel Platz nehmen.

Nicht durch die Blume

Laken als Tischdecke Wenn Sie keine ausreichend große Tischdecke haben, behelfen Sie sich mit einem – oder mehreren – feinen weißen Baumwollaken.

Tischplatte schützen Empfindliche Tischplatten schützen Sie am besten mit einer Moltonunterlage. Es kann immer mal ein Glas umgeschüttet werden.

Alles für die Blumen Stellen Sie für Blumen genügend Vasen bereit. Ein Papierkorb für das Blumenpapier sollte neben der Garderobe stehen.

Kinder nicht abschieben Kinder gehören zur Familie, also auch zum Fest. Wenn sie noch sehr klein sind, bitten Sie eine Tante oder Freundin, sich um die Kinder zu kümmern, damit sie auch zu ihrem Recht kommen.

Darf der Hund mitkommen? Der Gastgeber sollte immer gefragt werden, wenn man einen Hund mitbringen will. Regel für den Gastgeber: Sorgen Sie für Futter, Wasser und einen Platz zum Hinlegen.

Stühle auch beim Stehempfang

Bei einem Empfang stehen die Gäste gewöhnlich. Halten Sie dennoch für ältere Leute genügend Stühle bereit.

Tischbeine stören

Achten Sie beim Tischdecken darauf, daß kein Gedeck über einem Tischbein steht, da sonst Ihre Gäste unbequem sitzen.

Omas Tip

Korrekte Besteckanordnung

So wird das Besteck gelegt: Gabel, Messer und Löffel rechts und links neben dem Teller anordnen – ganz außen die Bestecke für den ersten Gang, in der Mitte die für den zweiten Gang und neben den Teller die für den Hauptgang. Das Dessertbesteck legt man an den oberen Rand des Tellers.

Ellbogenfreiheit

Der Abstand zwischen den Tellern sollte jeweils 70 Zentimeter sein, damit jedem Gast genügend Bewegungsfreiheit bleibt.

Tasse oder Teller?

Klare Suppen werden in Suppentassen serviert, gebundene Suppen und Eintöpfe löffelt man aus dem Teller.

Gläserordnung

Gläser stellt man rechts oberhalb des Tellers. Das Glas für das erste Getränk (zum Beispiel Sherry) rechts außen. Dann folgen Weißwein-, Rotwein- und Sektglas.

Die richtigen Gläser

Für jedes Getränk das richtige Glas: Die Standardform für das Weißweinglas ist eine langstielige, farblose Tulpe. Der hohe Stiel verhindert, daß die Wärme der Hand auf den Wein übergeht. Den Rotwein serviert man in einer kurzstieligen Tulpe, da er wärmer serviert wird. Sekt oder Champagner perlt in der Sektflöte gut ab, wirkt aber dekorativer in der Sektschale. Das Bierglas kann mehrere Formen haben: für Pils die Tulpenform, für Altbier die Stangenform, für die Berliner Weiße die Pokalform. Der Krug eignet sich für jede Biersorte.

Welcher Wein zu welchem Gericht? Zu Vorspeisen und Fischgerichten empfehlen sich trockene Weißweine wie Riesling von Mosel, Saar, Ruwer, Nahe, Gewürztraminer oder trockener Frankenwein. Zur Suppe, speziell zu Cremesuppen, wird kein Wein gereicht. Zu Gerichten mit hellem Fleisch bieten sich leichte süffige Weißweine – wie Rhein- oder Loireweine – an. Zu Gerichten mit dunklem Fleisch, Wild, großen Braten mit Soße servieren Sie kräftige, schwere Rotweine – wie Burgunder, Médoc, roter Bordeaux.

Trinktemperaturen Bei sehr alten, herben Rotweinen darf die Trinktemperatur plus 20 Grad betragen. Bordeauxweine, Burgunder und Südweine sollten eine Temperatur von 16 Grad haben. Kühler serviert, kann sich ihr Aroma nicht entfalten. Leichte ausländische und deutsche Rotweine und Roséweine serviert man mit einer Temperatur von zwölf Grad. Deutsche Weißweine schmecken kühl am besten, das heißt bei einer Temperatur von acht bis zehn Grad. Das ist ein wenig wärmer als Kühlschrank-Temperatur. Champagner und Sekt sollen bis an den Gefrierpunkt gekühlt werden, denn sie erwärmen sich im Glas sehr rasch. Ideale Trinktemperatur beträgt sechs Grad.

Rotwein muß »kommen« Schwere Rotweine sollten Sie zwei Stunden vor Beginn des Essens öffnen, damit der Sauerstoff das Aroma entwickelt.

Nicht vollschenken Beim Einschenken von Wein sollte ein großes Glas nur zu einem Drittel gefüllt werden, damit sich das Aroma – die Blume – entfalten kann.

Schade drum Achten Sie darauf, daß erst die angebrochenen Flaschen leergeschenkt sind, bevor Sie eine neue öffnen. Wein, Sekt und Bier schmecken schnell abgestanden und schal – schade drum.

Kühl in der Badewanne Der Platz im Kühlschrank reicht nicht aus, um alles für ein größeres Fest kühl zu halten. Lassen Sie eiskaltes Wasser in die Badewanne laufen und stellen Sie die Getränke hinein.

Winterliche Getränke

Punsch und Glühwein sind ideale Getränke für ein Fest im Winter. Der Wein darf nur aufgewärmt werden, nicht kochen. Sobald sich weißer Schaum auf der Oberfläche bildet, den Topf vom Herd nehmen.

Warme Hand am Flaschenhals

Wenn sich der Korken nicht aus der Sekt- oder Champagnerflasche lösen will, umspannen Sie den Flaschenhals eine Weile mit der warmen Hand. Das erwärmt die Luft im Flaschenhals, der Korken wird sanft herausgedrückt.

Omas Tip

Keine tropfenden Kerzen

Kerzen tropfen nicht, wenn sie vor dem Anzünden in Salzwasser gelegt werden. Danach gut abtrocknen.

Es werde Licht

Kerzen sorgen für schönes warmes Licht. Sorgen Sie aber für genügend andere Lichtquellen, damit es vor allem beim Essen nicht zu schummrig wird.

Omas Tip

Tablett rutschfest

Eine feuchte Serviette auf dem Tablett verhindert, daß Schüsseln und Gläser darauf herumrutschen.

Nicht nur zu Ostern

Buntgefärbte Eier zieren ein kaltes Büfett auch dann, wenn nicht Ostern ist. Färben Sie auf natürliche Weise mit Gras grün, mit Zwiebelschale gelb und braun, mit Rote Bete rot.

Dekorativ in Paprika

Dips und Cremes werden zum dekorativen Glanzlicht, wenn sie in ausgehöhlte grüne und rote Paprika gefüllt werden.

Nur keine Hektik

Unauffälligkeit ist die Tugend des Gastgebers, denn Hektik tötet jede Stimmung. Ordnen Sie während des Abends das kalte Büfett, entfernen Sie Krümel und Speisereste, ohne daß Ihre Gäste dadurch gestört werden und dennoch ein appetitlich aussehendes Büfett erhalten bleibt.

Melone als Salatschale

Halbierte ausgehöhlte Melonen geben einen hübschen und originellen Behälter für Obstsalat ab, der sich außerdem darin länger kühl hält als in einer Schüssel.

Omas Tip

Eintopf zu später Stunde

Erfreuen Sie Ihre Party-Gäste zu später Stunde mit einem herzhaften Eintopf. Man kann ihn einen Tag vorher zubereiten, denn aufgewärmt schmeckt er erst richtig gut.

Eintopf warmhalten

Wenn Sie Eintopf servieren, bleibt dieser längere Zeit warm, wenn er auf ein Stövchen gestellt wird. Ihre Gäste können sich dann in aller Ruhe selber bedienen.

Omas Tip

Kartoffeln warmhalten

Kartoffeln hält man mühelos bis zum Servieren warm, indem man eine Baumwollserviette oder ein sauberes Geschirrtuch zwischen Topf und Deckel klemmt.

Kaffee zwischendurch

Wenn es eine lange Nacht wird, bieten Sie Ihren Gästen zwischendurch immer wieder eine Tasse Kaffee an. Das macht müde Gäste wieder munter. Zuviel des Guten hat jedoch die gegenteilige Wirkung.

Geschirrspülen verjagt Gäste

Während das Fest noch läuft, darf Geschirrspülen nur in Ausnahmefällen geschehen. Diese Tätigkeit verbreitet Aufbruchstimmung, Ihre Gäste werden schnell verschwunden sein.

Unerwartete Gäste

Für unerwartete Gäste sollten sich immer ein paar haltbare Lebensmittel in der Vorratskammer befinden, zum Beispiel Pumpernickel, Knäckebrot, Zwieback, Würstchen, Sardellen, Sardinen, Thunfisch und Corned Beef in Dosen.

Nicht jeder trinkt Kaffee

Wenn Sie Gäste zum Kaffee einladen, sollten Sie auch koffeinfreien Kaffee sowie Kakao und Tee im Hause haben.

Taxinummer am Telefon

Hängen Sie einen Zettel mit Telefonnummer und Ihrer Anschrift an das Telefon, dann können sich Ihre Gäste ein Taxi bestellen und die Party verlassen, ohne zu stören.

Omas Tip

Einladung zum Sektfrühstück

Bei offiziellen Einladungen zum Sektfrühstück oder beim Steh-Empfang gebührt Wein und Sekt vor anderen Getränken der Vorrang. Kleine Häppchen oder Canapés werden auf Silberplatten dazugereicht.

Einladung zum Frühschoppen

Ursprünglich war der Frühschoppen der Treffpunkt der Männer nach dem sonntäglichen Kirchgang. Heute ist er eine Gelegenheit, die ganze Familie samt Kindern einzuladen. Es gibt Wein, Bier, Säfte sowie Käse- und Wurst-Happen.

Einladung zum Brunch

Warum immer nur abends Gäste haben? Laden Sie doch einmal am Sonntagvormittag zum Brunch ein. Das ist eine Mischung aus Frühstück und Mittagessen. Grundlage ist ein warmes Büfett.

Einladung zur Käseparty

Laden Sie zu einer Käse-Party ein, wenn Sie viele Gäste bewirten wollen, aber wenig Vorbereitungszeit haben. 100 bis 150 Gramm Käse müssen Sie pro Person rechnen. Dazu zwei bis drei Scheiben Brot oder eine halbe Baguette pro Person.

Die vollkommene Käseplatte

Was gehört zur Käseplatte? Drei Sorten Hartkäse, zwei bis drei Weichkäse, Brie, Camembert, Blaukäse, Ziegenkäse. Dazu verschiedene Brotsorten und Butter. Perlzwiebeln, Cornichons, Radieschen, Tomaten- und Gurkenscheiben oder Weintrauben runden die Käseplatte ab.

Omas Tip

Einladung zum Hummeressen

Den Hummer für Ihre Gäste kochen Sie in Salzwasser. Man läßt ihn leicht abkühlen, dreht Scheren, Beine und Fühler ab und teilt den Rumpf längs in zwei Teile. Magen und Darm entfernen und die Scheren leicht anknacken. Den Hummer auf einer Platte so anrichten, als wäre er noch ganz.

Einladung zur Bottle-Party

Ist Ihr Portemonnaie zum Monatsende etwas schmal geworden, dann laden Sie zu einer Bottle-Party ein. Jeder Gast bringt ein Getränk mit. Eine Absprache ist dennoch wichtig, damit nicht zuviel durcheinander getrunken wird.

Einladung zur Kartoffelparty

Ein preiswertes Fest ist auch eine Kartoffel-Party. Bereiten Sie genügend geschrubbte Kartoffeln vor. Auf dem Grill werden dann die Kartoffeln in Alufolie 50 Minuten gegart. Dazu Mayonnaisen, Kräuter- und Quarksoßen servieren.

Einladung zum Kostümfest

Kostümfeste sind immer auch Tanzfeste. Sorgen Sie für gute Tanzmusik, schaffen Sie genügend Platz zum Tanzen: Teppiche aufrollen und beiseite schaffen, damit niemand ins Stolpern kommt.

Einladung zur Einzugsparty

Sind Sie umgezogen, so laden Sie auch Ihre Nachbarn und Mieter zu der Einzugsparty. Wichtig sind

Gespräche und erste Kontakte, aus denen sich keine gesellschaftlichen Verpflichtungen ergeben müssen. Reichen Sie leichte Getränke und Häppchen.

Ein Motto macht's lustiger

Stellen Sie das Kostümfest unter ein Motto, zum Beispiel Ganovenball, Zirkus-Gala, Gespenster-Party u. ä. Dekorieren Sie die Räume dazu passend.

Einladung zum Schneeballfest

So lernen Sie neue Freunde kennen: Feiern Sie ein Schneeball-Fest. Dazu laden Sie drei gute Freunde ein, die ihrerseits je drei gute Freunde einladen, die wiederum je drei gute Freunde mitbringen. Grenzen setzen Ihr Party-Budget und die Größe Ihres Heims.

Einladung zur »Primeur«-Party

Ende November bis Anfang Dezember kommt der neue Beaujolais auf den Markt. Laden Sie liebe Gäste zur »Primeur«-Party. Servieren Sie französische Käsesorten und Weißbrot zum Wein.

Preiswert feiern

Mit guten Freunden können Sie durchaus mal ein »preiswertes« Fest feiern: Jeder Gast bringt einen Salat mit. Sprechen Sie aber vorher ab, wer sich für welchen Salat entscheidet.

Für die Grillparty Zum Grillen eignen sich am besten: Steaks, Koteletts, Schweinehals, Schnitzel, Würstchen und vorbereitete Spießchen aus Fleisch und Gemüse.

> **Omas Tip**
>
> **Austernessen kein Problem**
>
> Austern mit einem breiten Austernmesser seitlich aufbrechen und mit dem Meerwasser in der tieferen Schale der Muschel servieren.

Grill Marke Eigenbau Wenn Sie kein Grillgerät haben, müssen Sie nicht auf das Grillen verzichten. Schichten Sie ein paar Ziegelsteine aufeinander und legen Sie den Rost Ihres Backofens darüber. Achten Sie auf eine gute Luftzufuhr, damit die Holzkohle glüht.

Im Backofen vorgaren Große Braten und ganze Hühner backen Sie besser einige Zeit im Backofen vor. Auf dem Grill im Garten verbrennt das Fleisch oft von außen, während es innen noch roh ist.

Kräuter zum Grillen Lassen Sie ein paar Thymian- oder Rosmarinzweige auf den Grillkohlen verglimmen. Das gegrillte Fleisch erhält so einen aromatischen Geschmack.

Partydienst hilft Wer ganze Hammelkeulen oder große Braten grillen will, braucht einen Elektrogrill mit Drehspieß, den Sie samt Grillkoch bei einem Partyservice mieten können.

Gegrillte Beilagen Beilagen zum Fleischgericht lassen sich hervorragend auf dem Grill zubereiten. Zwiebeln, Tomaten, Gurken, Zucchini und so weiter gut würzen und in Alufolie auf dem Rost garen lassen.

Keine Stolperfallen Bei einem Gartenfest sollten Stufen und Beetränder durch Windlichter beleuchtet sein, damit niemand in der Dunkelheit stolpert.

Wärmendes bereithalten Wenn Sie zum Gartenfest einladen, halten Sie ein paar Wolljacken oder Decken bereit, falls es am

Abend kühl wird. Irgend jemand ist bestimmt zu leicht angezogen.

Auch Abräumen organisieren

Für benutztes Geschirr stellen Sie einen Extratisch oder einen Teewagen bereit. Dann kann schnell und unauffällig abgeräumt werden.

Eiswürfel aus Fruchtsaft

Zum Kühlen von Fruchtsäften lassen Sie einen Teil der Getränke im Eiswürfelbehälter einfrieren. So wird der Fruchtsaft nicht verdünnt.

Eiswürfel aus Kaffee

Für Eiskaffee frieren Sie Würfel aus Kaffeeresten. Dadurch wird der Kaffee nicht verdünnt und doch gekühlt.

Omas Tip

Bitte nicht rühren

Sobald die angesetzte Bowle mit Sekt oder Mineralwasser aufgefüllt wurde, sollte sie nicht mehr gerührt werden. Bowle immer kalt servieren.

Gelegenheit für Bowlen

Bowlen sind ein prickelndes, erfrischendes Getränk, das Sie Ihren Gästen bei einer Sommerparty und zwanglosen Geselligkeiten anbieten sollten. Bei offiziellen Anlässen paßt dieses Getränk nicht.

Jeder darf mitmachen

Wenn Sie zum Picknick einladen, sollten Sie die Gäste in die Organisation miteinbeziehen, da Gerichte, Getränke, Geschirr oder Grillgerät zum Picknickplatz transportiert werden müssen. Es bereitet den Gästen sicher Spaß, mitzuhelfen.

Vorsicht bei Feuer

Möchten Sie ein Lagerfeuer anzünden, beachten Sie die Brandverhütungsvorschriften. Holen Sie, wenn nötig, die Erlaubnis des Grundbesitzers oder des Forstamtes ein, je nachdem wo Sie zündeln.

Keine Abfälle liegenlassen

Nehmen Sie genügend Abfallbeutel für die Picknickreste mit, damit Sie Ihren Picknick-Platz sauber zurücklassen.

Störende Insekten
Beachten Sie, daß lästige Insekten Ihr Picknickvergnügen beeinträchtigen können. Deshalb Mückensalbe oder Mückenspray nicht vergessen.

Einladung zum Kindergeburtstag
Wenn Ihr Kind Geburtstag hat, lädt das Kind ein. Lassen Sie die Einladungskarten von Ihrem Kind bemalen, verschicken Sie sie 14 Tage vorher und geben Sie Anlaß, Datum, Ort, Beginn und Schluß des Festes an.

Beliebte Spiele
Fragen Sie Ihr Kind, welche Spiele gerade besonders beliebt sind, und besorgen Sie die nötigen Utensilien dazu.

Nur keine Langeweile
Beschäftigen Sie die Kinder gleich zu Beginn, lassen Sie zum Beispiel die Sitzplätze verlosen: Aus einem Hut werden Karten gezogen – Hänsel und Gretel, Max und Moritz, Dick und Doof, Katz und Maus. Auf dem Tisch finden die Kinder ihr Bilderpaar als Tischkarte wieder.

Kunterbunt
Decken Sie den Tisch mit bunten Papptellern und Pappbechern sowie lustigen Servietten. Kinder lieben es kunterbunt.

Erbse in der Torte
Wenn Sie eine Torte backen, backen Sie eine Erbse oder etwas Ähnliches mit ein. Wer die Erbse dann findet, bekommt ein Geschenk.

Omas Tip

Spiele zum Kinderfest

Spiele für die kleineren sind Topfschlagen, Eierlaufen, Stille Post, Ringlein Ringlein du mußt wandern, Mäuschen sag mal piep. Ratespiele oder Kasperle-Vorführungen sind für die größeren gedacht.

Geschenktüten
Geben Sie jedem Kind eine kleine Tüte, in der es seine Gewinne mit nach Hause tragen kann. Jede Tüte sollte verschieden sein, damit sie sich unterscheiden.

Preise für alle

Halten Sie kleine Gewinne bereit, mit denen der Sieger einzelner Spiele belohnt wird. Verteilen Sie auch Trostpreise, damit kein Kind zu kurz kommt.

Essen aus der Hand

Bieten Sie den Kindern Speisen an, die sie auch aus der Hand essen können, zum Beispiel Amerikaner, Mohrenköpfe oder Waffeln.

Erfrischende Getränke

Als Getränk sind Säfte und Sprudel häufig beliebter als Kakao. Farbige Strohhalme begeistern, und das Kind erkennt sein Glas besser.

Gewinnen macht Spaß

Beginnen Sie mit Spielen, bei denen die Kinder rasch etwas gewinnen. So fühlt sich nicht nur das Geburtstagskind beschenkt.

Omas Tip

Immer beliebt: Lampions

Zum Schluß des Festes geben Sie jedem Kind einen Lampion. Die Kinder aus der Nachbarschaft können sich gegenseitig mit der Laterne nach Hause bringen.

Kommunion und Konfirmation

Kommunion und Konfirmation sind stille Feste, die nach dem Kirchgang im Kreise der Familie gefeiert werden. Nach dem Empfang für Freunde und Bekannte bereiten Sie ein warmes Essen für die geladenen Gäste vor.

Das Menü

Das Kind ist an diesem Tag die Hauptperson. Kochen Sie ein Mittagessen, das dem Kind gefällt. Vermeiden Sie komplizierte Speisen mit vielen Gängen. Reichen Sie zum Essen einen leichten Weißwein, von dem das Kommunionskind einmal nippen darf, dem Konfirmanden aber ein Glas zustehen sollte.

Das passende Geschenk

Dem Kommunions- und Konfirmationskind schenkt man Blumen, wenn man zum Empfang geladen ist. Persönliche Geschenke sprechen Sie besser mit den Eltern ab.

Einladung zur Verlobung Verlobungskarten müssen nicht verschickt werden, wenn die Verlobung nicht groß gefeiert wird und die Hochzeit ohnehin relativ schnell folgt. Wer eine Verlobungskarte erhält, auf der Empfang, Ort und Zeit notiert sind, gilt als eingeladen.

Polterabend Der Polterabend wird als »offenes Fest« betrachtet. Bereiten Sie sich auf mehr Gäste vor, als eingeladen wurden. Bewirten Sie Ihre Gäste zum Polterabend mit einem kalten Büfett, auf jeden Fall etwas, das möglichst wenig Aufwand und Arbeit, Vorbereitung und Abwasch macht. Sie dürfen am Polterabend Ihre Gäste ruhig schon ab 23 Uhr sanft an den Aufbruch erinnern, damit Sie an Ihrem Hochzeitstag nicht müde und erschöpft sind.

Einladung zur Hochzeit Früher war es Sache der Brauteltern, die Hochzeit auszurichten. Heute teilen sich die Familien die Kosten. Findet das Hochzeitsessen im Hause der Braut statt, laden die Brauteltern ein. Zum Essen in ein Restaurant können Eltern und Hochzeitspaar gemeinsam einladen.

Weiß und Grün für die Hochzeitstafel Die Farben für die Tischdekoration sind Weiß und Grün. Leuchter mit weißen oder grünen Kerzen sind passend, das Grün von Buchsbaum und Myrte sollte nicht fehlen. Auch die Stühle des Brautpaares können Sie mit Blumengirlanden oder Buchsbaumkränzen umwinden.

Tischordnung Die Tischordnung bestimmt das Brautpaar, dem der Ehrenplatz an der Tafel zukommt. Rechts neben der Braut sitzt der Vater des Bräutigams. Seine Tischdame ist die Brautmutter. Links neben dem Bräutigam sitzt dessen Mutter. Ihr Tischherr ist der Brautvater.

Geschenkliste Stellen Sie eine Geschenkliste auf, damit Freunde und Verwandte sich absprechen können und Sie nichts in doppelter Ausführung bekommen. Gern legen auch Verwandte die Kosten für ein oder zwei große Geschenke zusammen.

Dankeschön Notieren Sie auf den Begleitkarten, was von wem geschenkt wurde. Bedanken dürfen Sie sich auch noch nach 14 Tagen bis drei Wochen.

Taufe

Taufen finden in der Regel am Vormittag statt. Laden Sie die Gäste zum Mittagessen ein. Rosa und Hellblau sind zwar die traditionellen Farben der Taufe, die man aber nicht verwenden muß. Decken Sie den Tisch mit Weiß, lassen Sie sich aber ruhig ein paar fröhliche Tischdekorationen einfallen. Der Platz neben der Mutter ist der Ehrenplatz, den der Pate oder der Pfarrer einnehmen sollte.

Wer wird Pate?

Der Pate soll dem Kind im Leben mit Rat und Tat zur Seite stehen. Deshalb sollten Sie Verwandte oder Freunde wählen, die nicht schon mehrere Patenkinder zu betreuen haben.

Geschenke

Taufgeschenke bringen Paten und Großeltern mit. Die anderen Gäste können selbstverständlich etwas schenken, müssen aber nicht. Über Blumen freut sich die Mutter.

Beerdigung

Sind Ort und Zeit in der Todesanzeige angegeben, kann jeder zur Beerdigung kommen, der dem Toten nahegestanden hat. Blumen und Kränze werden immer an die Adresse der Friedhofskapelle geschickt.

Antwort auf Todesanzeige?

Wer eine gedruckte Todesanzeige erhält, braucht nicht darauf zu antworten, um seine Teilnahme an der Beerdigung zu- oder abzusagen. Beileidsbesuche sind heute fast nicht mehr üblich. Angehörige können auch in der Anzeige darauf hinweisen, daß sie sie nicht wünschen.
Persönliche Beileidsbriefe sollte man immer handschriftlich, wenn man will auf schwarzgerändertem Papier, beantworten.

Reisevorbereitungen

Reisepapiere prüfen — Schon bei der Planung eines Auslandsurlaubs sollten Sie überprüfen, ob Paß oder Personalausweis abgelaufen sind. Denken Sie daran: Vor der Urlaubszeit dauern Verlängerungen oder Neuausstellungen unter Umständen länger.

Rechtzeitig beginnen — Mit dem bevorstehenden Urlaub sollten Sie sich schon 14 Tage vorher beschäftigen. Vielleicht müssen noch Kleider in die Reinigung oder Schuhe zum Schuster.

Versicherungsfragen klären — Auch schon rechtzeitig sollten Sie sich erkundigen, wie es mit Ihrem Versicherungsschutz bei Krankheiten im Ausland steht. Eventuell für die Dauer der Reise eine spezielle Versicherung abschließen.

Wer pflegt Tiere und Blumen? — Nicht erst kurz vor der Abreise sollten Sie sich Gedanken darüber machen, wer Ihre Blumen, insbesondere aber Vogel, Hund oder Katze betreut.

Haustiere auf Reisen — Erkundigen Sie sich rechtzeitig, wie in dem von Ihnen gewählten Urlaubsland die Einreisebestimmungen für Hund oder Katze sind, falls Sie Ihren Vierbeiner mitnehmen wollen. Auf jeden Fall rechtzeitig die nötigen Impfungen vornehmen lassen.

Nachsendeantrag stellen — Falls Sie Post und Zeitungen auch im Urlaub haben wollen, stellen Sie bei der Post und dem Zeitungsverlag rechtzeitig einen Nachsendeantrag.

Noch mal zum Zahnarzt — Zahnschmerzen können den ganzen Urlaub verderben. Gehen Sie deshalb vor Reiseantritt noch einmal zum Zahnarzt. Dann sind Sie vor bösen Überraschungen sicher.

Manche Länder verlangen bei der Einreise einen Nachweis, daß Sie gegen bestimmte Krankheiten geimpft sind. Impfungen müssen unter Umständen schon sehr früh vorgenommen werden, damit eventuelle Nachwirkungen der Impfung nicht in Ihren Urlaub fallen.

Impfschutz für die Familie

Überlegen Sie sich, welche Zahlungen während Ihres Urlaubs fällig werden, wenn Sie keine Daueraufträge haben. Zahlen Sie rechtzeitig, sonst könnte zum Beispiel Ihr Telefonanschluß gesperrt sein, wenn Sie zurückkommen.

Fällige Zahlungen

Bevor Sie ans Kofferpacken gehen, sollten Sie eine Liste aufstellen, was Sie alles mitnehmen müssen. Sie schieben damit der Vergeßlichkeit einen Riegel vor.

Eine Checkliste bewährt sich

Beim Kofferpacken sollte man schwere Gegenstände wie Schuhe oder Bücher immer zuunterst in den Koffer geben. Empfindliche Kleidungsstücke werden zuoberst gelegt.

Zweckmäßiges Packen

Auch wenn Sie in den Süden fahren, sollten Sie unbedingt wenigstens eine warme Wolljacke mitnehmen. Die Abende können selbst in Afrika mitunter recht kühl sein.

Auf Wärmendes nicht verzichten

Wenn Sie Ihren Urlaub nicht mit Bügeln beginnen wollen, nehmen Sie vor allem knitterfreie oder knitterarme Kleidung mit. Wenn Sie Seidenpapier zwischen Blusen, Kleider und Röcke legen, bleiben diese glatt.

Knitterfreies ist am besten

Eine gut bestückte Reiseapotheke gehört unbedingt ins Urlaubsgepäck. Sie sollte Verbandszeug und Schere, Insektenstift, Wundsalbe, Fieberthermometer, Schmerztabletten, Halstabletten und Mittel gegen Verdauungsstörungen umfassen. Am besten lassen Sie sich von Ihrem Arzt oder Ihrem Apotheker beraten. Wer dauernd Medikamente einnehmen muß, sollte von diesen einen ausreichenden Vorrat haben.

Reiseapotheke nicht vergessen

Natürlich müssen Sie nicht Ihren Nähkasten mit in den Urlaub nehmen. Aber ein paar Näh- und Si-

Nähzeug ist unentbehrlich

cherheitsnadeln, weißer und schwarzer Faden, ein paar Druckknöpfe können gegebenenfalls sehr aus der Patsche helfen.

Schutz gegen Sonne

Im Süden kommen Sie ohne Sonnenbrille nicht aus. Also Sonnenbrille am besten in die Handtasche. Sonnenschutzmittel wie Öl oder Creme gehören in den Toilettenbeutel.

Reisewecker auch im Urlaub

Auch wenn dem Glücklichen im Urlaub keine Stunde schlägt – ein Reisewecker ist dennoch nützlich und sollte im Gepäck nicht fehlen.

Von Land und Leuten

Kleine handliche Reiseführer, die über Land und Leute am Reiseziel informieren und oft auch noch die gebräuchlichsten Redewendungen in der jeweiligen Sprache bieten, sind Reisebegleiter, auf die man nicht verzichten sollte.

Der Kopf braucht Bedeckung

Auch wenn Sie kein Freund von Hüten sind – in südlichen Regionen geht's nicht ohne Kopfbedekkung. Das gilt vor allem für kleine Kinder, die Sie nicht ungeschützt der Sonne aussetzen sollten. Stecken Sie unbedingt ein paar lustige bunte Kopftücher in den Koffer.

Wenn Sie in sehr heiße Länder reisen, sollten Sie auf Kleidung aus synthetischem Material verzichten. Baumwolle ist ideal – Sie werden bei weitem nicht so sehr schwitzen.

Keine Synthetiks in den Tropen

Unter Ihrem Schuhwerk sollte mindestens ein Paar bequemer Schuhe sein. Neue Schuhe sollten Sie nicht unbedingt im Urlaub »einlaufen«, das könnte den Spaß an Ausflügen beeinträchtigen!

Bequeme Schuhe nicht vergessen

Die Zeiten, da man die Schuhe nachts vor die Zimmertür stellen konnte, gehören vielerorts längst der Vergangenheit an. Nehmen Sie deshalb Schuhputzzeug mit.

Schuhputzzeug ist notwendig

Besonders wenn Sie ins Ausland reisen, sollten Sie sich mit Reiselektüre versorgen. Nicht überall kann man am Kiosk deutsche Taschenbücher erstehen.

Lektüre gehört ins Gepäck

Wenn Sie mit Kindern reisen, sollten Sie unbedingt an Spielzeug denken, Regentage werden sonst für alle zur Qual. Wählen Sie Spiele, die Sie gemeinsam machen können. Das macht Spaß.

Kinder brauchen Spielzeug

Falls Sie gern Urlaubskarten schreiben, vergessen Sie nicht, die Anschriften derer, die Sie mit einem Gruß bedenken wollen, mitzunehmen.

Adressen mitnehmen

Packen Sie Ihr Nachtzeug und Ihre Toilettensachen in ein Extraköfferchen. Auch eine Garnitur Wäsche können Sie dazutun. Sie brauchen dann, wenn Sie unterwegs übernachten, nicht an den großen Koffer zu gehen. Das Extraköfferchen bewährt sich auch, wenn Bahn- oder Fluggepäck nicht pünktlich zur Stelle sind.

Nachtgepäck extra

Für die kleine Wäsche am Urlaubsort sollten Sie immer Waschmittel, am besten aus der Tube, eine kleine Wäscheleine sowie ein paar Wäscheklammern bei sich haben.

Für die kleine Wäsche

Man spart Zeit und Ärger, wenn man bei Autoreisen die Fahrtroute vorher genau studiert. Denken Sie daran, daß während der Hauptreisezeit ein kleiner Umweg über Nebenstraßen manchmal kürzer sein kann als der direkte Weg über die Autobahn.

Reiseroute studieren

Wohin mit den Juwelen?

Kostbaren Schmuck sollte man nicht unbedingt mit auf die Reise nehmen, im Safe bei Ihrer Bank – gegen eine geringe Gebühr – ist er sicherer. Wenn Sie aber nicht auf Ihre Juwelen verzichten wollen, lassen Sie sie nicht im Hotelzimmer. Jedes Hotel bewahrt sie sicher für Sie auf.

Das gehört ins Handschuhfach

Um für alle Eventualitäten gerüstet zu sein, sollten Sie im Handschuhfach eine Taschenlampe, alte Handschuhe für kleinere Reparaturen, Zellstofftücher und Toilettenpapier sowie eine kleine Kamera parat haben, um bei einem Unfall die Sachlage festhalten zu können. Tun Sie, falls Sie Raucher sind, Sand in den Aschenbecher. Verglimmende Zigarettenkippen können sehr unangenehm riechen!

Auch das Auto ausrüsten

Vor Antritt der großen Fahrt sollten Sie für einen Ersatzkeilriemen und Ersatzlämpchen für die Scheinwerfer sorgen. Daß Sie einen Ersatzreifen und einen gefüllten Reservekanister mit sich führen, versteht sich von selbst.

Müllbeutel soll nicht fehlen

Abfälle aus dem Wagenfenster zu werfen ist eine böse Unsitte. Nehmen Sie eine Plastiktüte mit, in der Sie während der Fahrt Bananenschalen, Apfelreste, Papiertaschentücher, Bonbonpapier und Dosen sammeln.

Stets gekühlte Getränke

Sie haben während der Autofahrt stets kühle Getränke, wenn Sie Limonadeflaschen oder -dosen in nasse Handtücher wickeln.

Reisen mit Kindern

Ob Bahn- oder Autofahrt – kleine Kinder brauchen Beschäftigung. Denken Sie sich schon vor Antritt ein paar Spiele aus, mit denen Sie Ihren Jüngsten die Fahrzeit verkürzen können.

Überquellende Briefkästen locken Einbrecher

Wenn Sie sich Post und Zeitungen nicht nachsenden lassen, beauftragen Sie jemanden, der den Briefkasten leert. Ein überquellender Briefkasten signalisiert: Hier ist niemand zu Hause.

Licht verscheucht Gesindel

Um vor ungebetenen Besuchern sicher zu sein, sollten Sie jemanden bitten, am Abend in diesem oder jenem Raum für eine Zeit Licht anzumachen. Es gibt auch Zeitschaltautomaten, die zu bestimmten Zeiten und für bestimmte Dauer die Beleuchtung selbsttätig einschalten.

Lassen Sie Haus oder Wohnung längere Zeit allein, dann sollten Sie die Eingangstür unbedingt durch ein Sicherheitsschloß schützen. Normale Schlösser sind für Ganoven ein Kinderspiel.

Gute Schlösser sind wichtig

Hinterlegen Sie unbedingt bei einer Person Ihres Vertrauens den Wohnungsschlüssel. Selbstverständlich sollte diese Person auch wissen, wo Sie gegebenenfalls zu erreichen sind.

Schlüssel hinterlegen

Diebe machen überall lange Finger, vor allem aber dort, wo sich sorglose Touristen tummeln. Geld trägt man beim Besichtigungsbummel am besten im Brustbeutel bei sich.

Achtung Diebe

Sollten Ihnen trotz aller Umsicht auf Reisen Ihre Papiere verloren gehen, dann erleichtert es Ihnen die Wiederbeschaffung wesentlich, wenn Sie vor Antritt der Reise von Paß, Kraftfahrzeugschein und Führerschein eine Kopie anfertigen ließen.

Kopien anfertigen lassen

Wenn Sie sich für eine Auslandsreise Devisen beschaffen, besorgen Sie sich wenn möglich ein bißchen Wechselgeld. So haben Sie für das Taxi oder den Gepäckträger bei Ihrer Ankunft gleich Trinkgeld parat und müssen nicht mit Scheinen bezahlen.

Kleingeld bereithalten

Bevor Sie die Wohnung verlassen, sollten Sie sich vergewissern, daß alle elektrischen Geräte – mit Ausnahme der Tiefkühltruhe – abgestellt sind. Bei Radio- und Fernsehapparaten Stecker herausziehen. Gashahn abdrehen, Kühlschrank leeren und öffnen.

Vor dem Start

In fernen Ländern, die noch nicht so sehr auf die Ansprüche mitteleuropäischer Touristen eingestellt sind, kann ein eigener Kopfkissenbezug eine sehr angenehme Sache sein. Sie können aber auch ein Handtuch speziell für diesen Zweck mitnehmen.

Der eigene Bezug

Wenn Sie Ihre Kinder in ein Ferienlager schicken, legen Sie am besten ein »Inhaltsverzeichnis« in den

Kinder allein unterwegs

Koffer. Sie machen es Ihren Sprößlingen damit einfacher, alles auch wieder mit nach Hause zu bringen.

Desinfektionsmittel fürs Zahnputzwasser

In tropischen Ländern empfiehlt es sich, auch zum Zähneputzen Mineralwasser zu verwenden. Nehmen Sie auf jeden Fall aber Tabletten mit, durch die Sie das Wasser desinfizieren können.